Biblioteca de Derecho Privado

Enrico del Prato
(Director)

Carlos Antonio Agurto Gonzáles
Sonia Lidia Quequejana Mamani
Benigno Choque Cuenca
Luis Alejandro Luján Sandoval
Edmundo Trujillo Blas
(Coordinadores Generales)

Marcello Andreoli
Profesor ordinario de la Universidad de Siena
(Italia)

La cesión del contrato

Edición al cuidado de
Carlos Antonio Agurto Gonzáles
Sonia Lidia Quequejana Mamani
Benigno Choque Cuenca

Ediciones Olejnik

Título: La cesión del contrato

© Marcello Andreoli

Traducción: Francisco Javier Osset

© Ediciones Olejnik
Huérfanos 611, Santiago - Chile
E-mail: contacto@edicionesolejnik.com
Web site: http://www.edicionesolejnik.com

Primera edición en ediciones Olejnik: 2019

ISBN: 978-956-392-546-3

Diseño de Carátula: Ena Zuñiga
Diagramación: Luis A. Sierra Cárdenas

Impreso en Argentina 2019 Printed in Argentina

ÍNDICE

CAPÍTULO I
LA CESION DEL CONTRATO EN LA DOCTRINA

CAPÍTULO II
LA CESIÓN CON LIBERACIÓN DEL CEDENTE

CAPÍTULO III
LA CESION SIN LIBERACION DEL CEDENTE

CAPÍTULO IV
LA CESIÓN MEDIANTE ENDOSO DEL DOCUMENTO CONTRACTUAL

CAPÍTULO V
APLICACIONES PARTICULARES LEGISLATIVAS
DE LA CESIÓN DE CONTRATO

CAPÍTULO VI
SUCESION «OPE LEGIS» EN EL CONTRATO

CAPÍTULO I

LA CESION DEL CONTRATO EN LA DOCTRINA

Sumario.— 1. Consideraciones introductivas. Noción general de la institución.— 2. Sus distinciones: *a)* Transferencia únicamente de los elementos activos *ex contractu*.— 3. Prosigue: En particular, diferenciación entre la reventa y la cesión de los derechos derivados del contrato de venta.— 4. b) Distinción entre la cesión del contrato y la transferencia únicamente de los elementos pasivos *ex contractu*.— 5. Diversas construcciones de la cesión del contrato en la doctrina anterior: la teoría atomística de la *descomposición:* valoración crítica.— 6. Teoría intermedia: valoración crítica.— 7. Teoría unitaria, transición al capítulo siguiente.

1. Consideraciones introductivas. Noción general de la institución

Aunque en la doctrina se haya puesto de relieve a veces la imprecisión de la expresión «cesión de contrato», es indiscutible que tal fórmula, difundida espontáneamente, primero en la práctica mercantil, acaso por su esquemática concisión vigorosamente representativa del complejo económico-jurídico[1], penetró en un segundo tiempo gradualmente en la literatura jurídica[2] y en la

---

[1] La institución ha tenido en el pasado una larga aplicación, sobre todo en el comercio de exportación y de importación (en régimen de libertad de cambios) de granos, algodón, café, etc; siendo frecuentes los casos de adquirentes de grandes cargamentos de ultramar que, con el fin de especular, o por liberarse de las responsabilidades inherentes a su adquisición, transferían a otra persona el contrato, en los mismos términos y condiciones en que lo había estipulado.
Cfr. Ramella: *La cessione dei contratti nel commercio de esportazione,* en *Le società per azioni,* 1928, n. 3, pàgs. 29 y sigs., el cual ya entonces ponía en evidencia que la característica de esa nueva forma de especulación era la exoneración del cedente de toda responsabilidad para con el cesionario, en el caso de que el proveedor del primero faltara a su compromiso por algún obstáculo involuntario (encarecimiento, navegación impedida, pérdida de las cosechas, etcétera), sobre todo tratándose de embarques que debían hacerse dentro de un plazo determinado después del acuerdo; de forma que el riesgo de la inejecución venía a cargar sobre el cesionario.

[2] Nótese, sin embargo, que algún autor, considerando la circulación del contrato de modo análogo a la de un valor económico, de un bien existente por sí mismo, no dudó en

misma legislación. Baste, por ejemplo, recordar, para esta última, la «cesión de arriendo» considerada ya en el artículo 1.573 del mismo Código del 65, aunque dicho código careciera de una disciplina general de la cesión de contrato, introducida *ex novo* por el legislador de 1942 (arts. 1.406-1.410).

La cesión de contrato (presupuesto éste último como *bilateral,* al menos en la configuración típica de la institución) es el instrumento que permite realizar la llamada *circulación del contrato,* es decir, la transferencia *negocial* a un tercero (llamado *cesionario*) del conjunto de posiciones contractuales (entendido como resultante unitario de derechos y obligaciones orgánicamente interdependientes), constituida en la persona de uno de los originarios contratantes (llamado *cedente*); de tal forma que, a través de esa sustitución *negocial* del tercero en la posición de «parte» del contrato, en lugar del cedente, dicho tercero subentra en la totalidad de los derechos y obligaciones que en su orgánica interdependencia se derivan del contrato estipulado por el cedente.

A este respecto justamente se ha notado que el tráfico considera aquí los contratos sobre todo como *valores económicos,* idóneos como tales para una determinada forma de circulación: en consideración a la utilidad futura a que el contrato está encaminado a procurar, la práctica atribuye al mismo contrato un valor económico actual, considerándolo, por tanto, como un bien capaz de circular. Ahora bien; el Derecho apresta, precisamente, el instrumento para tal circulación en cuanto admite que uno de los originarios contratantes pueda transferir a un tercero, con el consentimiento imprescindible del otro contratante original (llamado *contratante cedido),* la relación contractual entera, como conjunto de derecho y obligaciones, como única resultante de elementos activos y pasivos[3]. Baste un ejemplo. En concreto, la posibilidad de hacer circular el contrato de compraventa, por ejemplo (nótese que la institución ha encontrado su más frecuente aplicación práctica precisamente en materia de compraventa), permite un ahorro de tiempo y de gastos, porque el intermediario (cedente) en vez de comprar y recibir la cosa adquirida para revenderla a continuación y entregarla a su vez al adquirente posterior, se limita a comprar y ceder el contrato al tercero (cesionario) realizando una ganancia por la diferencia de precio[4].

---

hablar en el pasado incluso de «venta del contrato». Así, HORWITZ: *Erfahrungen und Zweifelstrage im Bezug auf Kontrakverkaufe,* en *Hanseatische Rechtzeitsrchrift,* 1926, n. 23, pág. 881 y sigs. MOSSA: *Vendita di contratto,* en la *Revista di diritto commerciale,* 1928, II, pág. 641 y sigs. RAMELLA: *ob. cit.* que habla indistintamente de *venta* o de *cesión* del contrato. Análogamente FINZI: *La riassicurazione e la cessione del portafoglio,* en la *Riv. diritto commerciale,* 1932, I, 660. En nuestra opinión sería más oportuno el término *transferencia* del contrato.

[3] Cfr. VALERI; *Manuale di diritto commerciale.* Florencia, 1946, vol. II, pág. 76. FERRARA (hijo): *Per una disciplina legislativa della cessione del contratto,* en la *Riv. dir. privato,* 1941, pág. 108.

[4] Cfr. FERRARA (hijo): *ob. cit.* págs. 108-109, el cual destaca que por la posibilidad ofrecida al intermediario de transferir al cesionario la carga de pagar el precio al contratante

Reconocida ya inequívocamente la posibilidad de la sucesión a título particular en la deuda por acto *inter vivos* (de conformidad, por lo demás, con la tesis que justamente prevaleció bajo la vigencia del mismo Código del 65)[5], y expresamente disciplinada, además, la transferibilidad a un tercero de toda determinada posición contractual en su orgánica integridad (como conjunto unitario de elementos activos y pasivos), el nuevo sistema legislativo ha superado decididamente algunas injustificadas preocupaciones (sobre las que no es ahora el caso de detenernos), sustentadas en el pasado por algún escritor: es decir, el estimar inconcebible la transferencia integral de las relaciones nacidas de contratos bilaterales no cumplidos todavía, porque —se decía— en tales relaciones se entrecruzan débitos y créditos en sentido lato, para cada una de las partes, y los débitos no serían trasferibles (a título particular). La reciente disciplina de la cesión de contrato viene a consagrar, en cambio, legislativamente, una verdadera y propia sucesión a título particular y por actos *inter vivos* en el contrato: sucesión en sentido técnico, si se considera que la posición jurídica del sucesor (el cesionario) en su permanente identidad, está ligada por *un nexo derivativo* a la del predecesor (el cedente)[6]. En esta clara orientación el nuevo sistema se ha mostrado particularmente sensible a las necesidades que emergen de la vida jurídica y a las presiones de la práctica mercantil que, entre otras cosas, como veremos más ampliamente a continuación, para superar de algún modo una laguna legislativa cada vez más sentida, había escogido, especialmente en el comercio de los cereales, la creación de los llamados *Stabiliti* (títulos a la orden unidos al contrato de venta, emitidos por el vendedor que se obliga a entregar el género al portador del título que demuestre ser dueño del mismo como consecuencia de una serie de giros o endosos, y con tal que dicho poseedor realice la contraprestación correspondiente, es decir, pague el precio de la mercancía).

De las consideraciones expuestas ya resulta implícitamente que en el estudio de la cesión de contrato es preciso distinguir netamente el contrato sujeto a trasferencia en el sentido que hemos indicado (contrato que, por abreviar, denominaremos a continuación *contrato básico),* del negocio jurídico que realiza dicha transferencia, es decir, el *negocio de cesión,* sobre cuya naturaleza jurídica y sobre cuyos efectos hablaremos ampliamente más adelante, en su momento oportuno. En este esquema introductivo, en cambio, es preciso hacer

---

cedido, la cesión de contrato permite desarrollar una actividad intermediaria incluso a quien tiene pocas disponibilidades; la cesión del contrato constituye, por tanto, según el autor, una *forma disimulada* para ejercer una actividad intermediaria.

5 Sobre esto véase como más reciente, con amplias referencias a la literatura anterior, STOLFI (Giuseppe): *Appunti sulla c. d. successione particolare nel debito,* en la *Riv. Trim, di diritto e procedura civile,* 1948, pág. 733 y sigs.

6 Contra el concepto general de «sucesión» según la doctrina siempre dominante, véanse, sin embargo, las recientes observaciones de STOLFI: *Note sul concetto di successione,* en la *Riv. trim. di dir. e proced. civile,* 1949, n. 4, pág. 535 y sigs.

algunas consideraciones preliminares sobre lo que hemos llamado contrato base, para una visión más clara del conjunto del fenómeno jurídico.

La fórmula legislativa (art. 1.406) declara a este respecto que cada una de las partes puede hacerse sustituir por un tercero en las *relaciones derivadas de un contrato con prestaciones recíprocas, si éstas no se han prestado todavía,* con tal que la otra parte consienta en ello. La cesión del contrato, por tanto, está lógicamente localizada en las relaciones de los contratos con prestaciones recíprocas, y cuando éstas no hayan sido aún cumplidas, en todo o en parte, por ambos lados[7].

[7] Como ya se sabe, la opinión dominante identifica el *contrato con prestaciones recíprocas* (según la terminología del código nuevo) y el *contrato bilateral* de la doctrina tradicional. En cambio, una interpretación diferente estima que el contrato con prestaciones recíprocas tiene una esfera mucho más amplia que el contrato bilateral, en cuanto que serían tales contratos no solo los bilaterales, sino también los unilaterales, a título oneroso (con lo cual, en el sistema vigente, los contratos con prestaciones recíprocas serían el equivalente de contrato *oneroso).* Sobre el estado de esta cuestión puede verse recientemente DE SIMONE: *Il contratto con prestazioni corrispettive,* en la *Riv. trim. di dir. e proc. civ.,* 1948, n. 1, pág. 23 y sigs. A los fines especiales de nuestro estudio, dejando sin prejuzgar los términos generales de esa controversia, interesa destacar que, por lo menos en materia de cesión del contrato, la referencia legislativa en los artículos 1.406 y siguientes se refiere, en nuestra opinión, directamente a los contratos bilaterales. Si es cierto, como advierte la Exposición de Motivos ministerial (§ 640), que el nuevo código ha intentado «satisfacer las exigencias de la práctica», en la que estaba ampliamente difundida la cesión del contrato entendida como *posibilidad de hacer circular una relación jurídica en su complejidad, esto es, en su conjunto de derechos y obligaciones,* y si es verdad que en la aludida práctica la cesión del contrato había germinado y se desarrolló precisamente en el terreno de los contratos bilaterales (principalmente de la compraventa), no parece dudoso que en la mente del legislador debiera estar presente precisamente el esquema del contrato bilateral. Lo cual está confirmado también por la misma fórmula del artículo 1.406, que prevé la sustitución *«en las relaciones* derivadas...», etc. El legislador, en materia de cesión del contrato presupone que la interdependencia sinalagmática entre las recíprocas prestaciones de las partes (no cumplidas aún por ambas partes) está asegurada por una relación de recíproca dependencia de las respectivas obligaciones contractuales (no cumplidas aún por ambas partes), en el sentido de que las obligaciones a cargo de una de ellas sean la causa jurídica justificativa dé las obligaciones a cargo de la otra. Y esto de acuerdo con la germinación espontánea de esta institución ante las exigencias del tráfico y de la vida jurídica.
Por otra parte, hay otro punto en la Exposición de Motivos que es de una claridad inequívoca, tanto más cuanto que dicha Exposición, como índice del pensamiento legislativo, tiene aquí una importancia de primer plano (aparte la conocida cuestión del valor en general de los trabajos preparatorios). En el § 641 se lee lo siguiente: «Puede ser cedido únicamente un *contrato con prestaciones recíprocas,* en cuanto que solo respecto a ese contrato se puede dar la transferencia de un complejo unitario constituido por derechos y obligaciones de la parte cedente: en los *contratos unilaterales* solo se puede ceder la posición de acreedor o la de deudor.» La contraposición aquí, entre contratos con prestaciones recíprocas y contratos unilaterales en general, no puede ser más neta; lo cual significa que, al menos a los fines de la cesión del contrato, el término «contrato con prestaciones recíprocas» está usado por el legislador como equivalente a contrato bilateral. Es oportuno, por otra parte, destacar que los mismos autores de la interpre-

La razón de esta delimitación es de inmediata evidencia. En efecto, en los contratos con prestación *por una sola de las partes* el sujeto obligado a la prestación se encuentra en la *posición exclusiva de deudor,* frente al otro contratante que ocupa la *posición exclusiva de acreedor:* agudamente se ha dicho que el peso

---

tación más lata del contrato con prestaciones recíprocas admiten claramente (cfr., por ej., SIMONE: *ob. cit.,* pág. 27) que a veces algunas normas del código, aun refiriéndose terminológicamente a los contratos con prestaciones recíprocas, se circunscriben empero a supuestos contractuales bilaterales (por ejemplo, así se reconoce francamente en el artículo 1.460, relativo a la *exceptio inadempleti contractus).*

Admitido, pues, que el pensamiento legislativo, al regular la cesión del contrato, aparece directamente orientado hacia el esquema del contrato bilateral, surge otra cuestión. ¿Puede admitirse que la autonomía negocial de las partes pueda extender el procedimiento de la cesión también a cualquier tipo de contrato unilateral a título oneroso cuando en éste se dé el presupuesto de obligaciones opuestas, no cumplidas todavía, a cargo de ambos contratantes (cada uno de los cuales resulte investido, por tanto, de elementos activos y pasivos *ex contractu),* aun cuando falte para tales obligaciones aquella estrecha relación de recíproca dependencia y causalidad jurídica (sinalagma) que es típica del contrato bilateral? Por ejemplo, en un contrato de depósito a título oneroso, ¿podría transmitirse a un tercero la compleja posición contractual del depositante o del depositario, cada uno de los cuales está investido al mismo tiempo de elementos activos y pasivos *ex contractu*? Sin ocultar aquí la extrema delicadeza y discutibilidad de la cuestión, estamos inclinados a la solución afirmativa, considerando que si el pensamiento legislativo, al regular el procedimiento de la cesión, ha tenido presente directamente el esquema del contrato bilateral, ese procedimiento mismo, sin embargo, en su elasticidad, y ante la ausencia de prohibiciones legales, no se opone a su eventual extensión a las posiciones contractuales que se acaban de exponer, aunque falte entre las obligaciones *ex contractu* el aludido vínculo de causalidad jurídica.

Un razonamiento análogo (en el presupuesto de elementos activos y pasivos que convergen al mismo tiempo sobre cada una de las dos partes que no hayan cumplido aún las respectivas obligaciones) podría hacerse respecto a la transferencia de particulares posiciones contractuales inherentes a contratos plurilaterales: teniendo presente, naturalmente, que aquí, no una, sino varias serían las *partes cedidas,* y sería imprescindible su consentimiento unánime —además del cedente y del cesionario— para que se produjera la transferencia en cuestión. Indudablemente, quien, como CLARIZIA: *La cessione del contratto* (Nápoles, 1946, pág. 61), parte en general de la equiparación de los contratos con prestaciones recíprocas a los contratos a título oneroso, encuentra menores dificultades en aplicar la cesión del contrato, según las palabras de ese autor, a todos los contratos recíprocos (plurilaterales, bilaterales, unilaterales), es decir, a título oneroso, salvo cuando tales contratos han sido pactados *intuitu personae,* o el obstáculo resulte de una expresa disposición legal. Pero, aparte toda otra consideración posible, aun queriendo mirar el problema bajo el aspecto de la indicada equiparación, no podría compartirse la afirmación *(ob. cit.,* pág. 58) de que es posible la cesión del mutuo con interés., «porque éste, aun siendo unilateral, es con prestaciones recíprocas». A los fines de la cesión del contrato, en efecto, las prestaciones respectivas deben presuponerse no cumplidas por ambas partes. Ahora bien, con el perfeccionamiento del mutuo la prestación del mutuante ha sido ya cumplida íntegramente: todas las prestaciones (la principal, la de restitución, y la secundaria, de los intereses) gravan ya sobre una sola parte, el mutuatario. Se podrá hablar, pues, únicamente de transmisión de la posición del acreedor (mutuante), o de la posición del deudor (mutuatario), pero no de una cesión del contrato entendida técnicamente.

del contrato está en un solo lado, mientras que en el otro están todas las ventajas. En tales contratos, y dada la situación, no puede hacerse la hipótesis, evidentemente, de una cesión de contrato, caracterizada objetivamente, como se ha visto, por la trasferencia a un tercero de un conjunto de elementos *activos y pasivos,* anexos a una determinada posición contractual: solo puede suponerse una cesión del crédito *(ex contractu)* por parte del acreedor, o bien una sucesión a título particular en el débito, a través de los medios negociales predispuestos a este fin por el ordenamiento jurídico.

Otro tanto ha de decirse respecto a un contrato con prestaciones recíprocas cuando una de las partes contratantes haya realizado íntegramente su propia prestación: también aquí la parte supuesta vendría a encontrarse en la posición *exclusiva* de acreedor frente a la contraparte que estaría en posición *exclusiva* de deudor, y faltaría, por tanto, la posibilidad de una cesión del contrato (que implica la transferencia al tercero de un conjunto de elementos *activos* y *pasivos*), y solo podría caber el supuesto de una cesión del crédito o una sucesión particular en la deuda. Queda, pues, explicada la razón por la cual la ley supone, al menos en su referencia directa, que se trata de contrato con prestaciones recíprocas y que éstas, además, no se han realizado aún (esto es, por ambos lados).

Pero, para expresar por completo nuestro pensamiento sobre esta materia, opinamos que la noción de la institución, tal cual está dada por el artículo 1.406, si se detuviera en la relativa formulación literal resultaría en un cierto aspecto defectuosa. Indudablemente, el cesionario al entrar en la compleja posición contractual encarnada antes en la persona del cedente, entra también (por emplear la fórmula legislativa) «en las relaciones derivadas de un contrato con prestaciones recíprocas que todavía no han sido realizadas». Pero este entrar, este sustituir el tercero al contratante primitivo, ¿tiene lugar solo y exclusivamente en las indicadas «relaciones»? Limitando nuestro razonamiento al contrato con prestaciones recíprocas, que es el único que interesa a los fines de nuestra investigación, es sabido que después de haber agotado su efecto genético (dando lugar a la doble relación *obligatoria,* o bien al nacimiento o a la transferencia del *derecho real* cuando se trate de contrato constitutivo o traslativo de derecho real), el contrato con prestaciones recíprocas *permanece vivo* como *fuente reguladora del ulterior desarrollo de la relación* hasta que ésta queda agotada[8]: lo cual es de más inmediata evidencia también exteriormente en los contratos de ejecución continuada o periódica.

Por tanto, si después de agotarse el antedicho efecto genético, permanece el contrato vivo como fuente reguladora del ulterior desarrollo de las relaciones contractuales, no es dudoso que a tal fuente —con el perfeccionamiento de la cesión de contrato— quedará automáticamente sujeto también el cesionario,

---

8 Cfr. Messineo: *Manuale di diritto civile e commerciale,* Milán, 1947, vol. II, pág. 507.

de igual modo que lo estaba antes de la cesión el cedente (en cuya posición contractual viene a entrar aquél globalmente). Y entonces una noción más completa de la cesión de contrato exige que la fórmula legislativa sea interpretada oportunamente en el sentido de que el cesionario no solamente sustituye al cedente «en las relaciones derivadas de un contrato con prestaciones recíprocas no realizadas todavía», sino que le sustituye, además, *en la misma fuente reguladora* del desarrollo y de la ejecución de las relaciones antedichas, sometiéndose a ella, de igual modo que le estaba sujeto, antes de la cesión, el cedente.

Expuesto esto previamente de modo general, es preciso también destacar a continuación que, al regular *ex novo* esta institución, el legislador de 1942 ha delineado sustancialmente tres instituciones fundamentales:

a) La cesión con completa liberación para el cedente de sus obligaciones (básicas) para con el contratante cedido (artículo 1.408, párrafo primero), teniendo presente que el consentimiento del cedido al negocio de la cesión lleva consigo, como un *naturale negotii,* la liberación del cedente, salvo una declaración de voluntad contraria del mismo contratante cedido; figura ésta que responde más completamente a las exigencias de la circulación del contrato, en cuanto que con la perfección de la cesión existe una integral transferencia de la relación contractual a la persona del cesionario, y una integral salida del cedente del nexo contractual.

b) La cesión sin liberación del cedente de sus obligaciones (básicas) respecto al contratante cedido, de modo que éste siempre puede obrar contra el mismo cedente si el cesionario no cumple las obligaciones asumidas (art. 1.408, segundo y tercer párrafos).

c) La cesión mediante «giro» o endoso del documento contractual, que puede tener lugar cuando todos los elementos del contrato base resulten de un documento en el que se haya insertado la cláusula «a la orden», u otra equivalente, y determina la sustitución del giratario o endosante en la posición contractual del girador (art. 1.407, párrafo segundo).

La primera parte de esta monografía, dedicada a la construcción dogmática de la cesión de contrato como institución de carácter general, después del capítulo introductivo, encaminado a la diferenciación de la cesión de contrato de otras instituciones colaterales, así como a la valoración crítica de las orientaciones doctrinales que se han formado durante la vigencia del Código del 65, se dirige en los tres capítulos sucesivos al estudio de cada una de las configuraciones precitadas.

En los capítulos siguientes se profundiza en algunas particulares e interesantes aplicaciones legislativas que la cesión de contrato ha recibido en las zonas más variadas del sistema jurídico, concluyendo, por último, con el estudio de aquellos supuestos o casos tipo que deben ser diferenciados de la verdadera y propia cesión de contrato (fundada sobre la *voluntad negocial* de las partes), en cuanto que vienen a ser una sucesión en el contrato *ope legis.*

2. Distinción de la cesión del contrato y la transferencia únicamente de los elementos activos «ex contractu».

La cesión del contrato que, como se ha indicado en el número 1, transfiere bien los elementos activos, bien los elementos pasivos referentes a la posición contractual del cedente, debe ser diferenciada netamente, ante todo, de la cesión de los elementos activos, únicamente, derivados al cedente de un contrato bilateral parcial o totalmente incumplido todavía (contrato que, por brevedad, denominábamos sintéticamente *contrato básico).* Por ejemplo, en la venta al vendedor, antes de haber realizado la entrega de la mercancía y de haber recibido el precio, cede a un tercero su crédito por el precio, y esta cesión se notifica al comprador: hay en este caso una cesión de *facultades crediticias* que pone al cesionario en relación directa con el cedido (comprador). A este último le es indiferente pagar el precio a una persona o a otra: solo puede exigir un conocimiento oportuno de la transferencia del crédito para evitar el peligro de efectuar el pago a quien ya se ha despojado del derecho a recibirlo. Para una clara visión del fenómeno es preciso también aquí tener perfectamente separados y diferenciados el llamado *contrato básico* (del que se han separado los precitados elementos activos), y el *negocio de cesión* mediante el cual se ha realizado la transferencia de esos elementos a la persona de un tercero, que es el cesionario (diferente de los primitivos sujetos del contrato base).

Al contrario de lo que podría parecer a primera vista, en nada obsta a la transferibilidad de dichos elementos activos, de esos derechos *ex contractu,* su nexo, mediante un vínculo de interdependencia, con las obligaciones que el mismo contrato básico (presupuesto bilateral) hace surgir a cargo del mismo titular de los derechos antedichos, y en favor de su primitiva contraparte contractual: interdependencia en el sentido de que la suerte y el cumplimiento de los primeros está ligada a la suerte y el cumplimiento de los segundos. En efecto, a continuación de la cesión de los elementos activos aquí considerada, también el indicado vínculo de interdependencia permanece objetivamente sin perjudicar, como resulta claramente de las consideraciones que vamos a exponer.

Obsérvese a tal respecto, en particular, que a continuación de la cesión de los elementos activos:

a) El vínculo contractual básico permanece siempre entre los contratantes primitivos, según los criterios y determinaciones que se expresarán a continuación.

b) El negocio de cesión, aunque transfiere al cesionario, objetivamente inmutados, los elementos activos *ex contractu* correspondientes ya al cedente en relación con el cedido, no altera objetivamente las obligaciones originarias *ex contractu* del cedido (obligaciones que solamente deberán ser cumplidas, a consecuencia de la cesión, en diferente dirección subjetiva); ni, menos aún, introduce eventuales obligaciones del cesionario respecto al mismo cedido.

c) Continuando el vínculo contractual básico entre los primitivos contratantes el cedido está obligado a cumplir, respecto al cesionario, las obligaciones *ex contractu* constituidas originariamente en favor del cedente, en tanto cuanto que este último, por su parte, cumpla o se ofrezca a cumplir (siempre respecto al cedido) las inmutadas obligaciones incumbentes *ex contractu* al mismo cedente (según los criterios normales, es decir, los señalados por el artículo 1.460 del Código civil para la excepción de incumplimiento en los contratos con prestaciones recíprocas)[9].

Objetivamente, pues, la relación de reciprocidad entre las prestaciones contractuales debidas recíprocamente por las partes siempre queda ligada y apoyada sobre la base original, y no sufre alteración alguna objetiva por el hecho de que el negocio de cesión oriente en una diferente dirección subjetiva (es decir, en favor del cesionario) el cumplimiento por el cedido de las obligaciones *ex contractu* constituidas originariamente a favor del cedente. En las relaciones entre cesionario y deudor cedido, el primero se considera como único titular del crédito *ex contractu,* cuyo cumplimiento puede, por tanto, reclamar en el término del contrato básico (que le ha entregado el cedente en original o en copia), haciendo valer en su propio nombre las acciones pertinentes. Si el deudor cedido se declara incumplidor y responsable, por tanto, de los daños, éstos serán a favor del cesionario que sufre las consecuencias

---

[9] En las negociaciones conexas al comercio de exportación, ya observaba RAMELLA en su tiempo, *ob. cit.,* pág. 30, que puesto que el importador (comprador) al efectuar la cesión a un tercero (cesionario) de sus derechos de crédito respecto al exportador (vendedor) para la entrega de las mercancías, aunque liberándose del riesgo de que falte esa entrega, no queda exonerado de pagar el precio al exportador, se sigue que si el importador queda insolvente para pagar ese precio no podrá sustraerse a la responsabilidad por daños. En efecto, siendo las obligaciones de la venta recíprocas, cuando se produzca un incumplimiento por parte del importador todavía obligado, tendrá derecho el exportador a suspender la entrega de la mercancía al cesionario, mientras que éste, por su parte, podrá dirigirse contra el cedente; bien, por ejemplo, negándose a pagar el precio de la cesión, bien ejerciendo la acción de daño; aunque a menudo se prevenga subordinando el pago (al cedente) a la entrega de los documentos de carga o de la misma mercancía por el proveedor cedido. A veces —añadía este autor—, por circunstancias especiales del mercado, el importador, en tratos aún con el exportador, o incluso sin haberlos iniciado, cede anticipadamente a un tercero derechos crediticios relativos a contratos que esperaba estipular pero que, por dificultades inesperadas, no ha llegado a concluir. En este caso viene a faltar exactamente el contrato original cuya existencia, si no hubiera especiales reservas, es esencial para la adquisición y transferencia al concesionario de un derecho a la entrega respecto al supuesto exportador, y las consecuencias del daño pesarán sobre el cedente.

dañosas derivadas de aquel incumplimiento contractual con el que, legítimamente, no había contado[10].

Como precisaremos más ampliamente, dentro de poco, el eventual incumplimiento del cedente respecto al cedido, autoriza a éste para oponer, frente al cesionario, la *exceptio inadimpleti contractus,* y en su caso, a actuar también para obtener la resolución del contrato base. El cesionario no puede dolerse, ante tal eventualidad, de que a consecuencia de un incumplimiento que no le es imputable (en cuanto que proviene del cedente) se vea privado de una prestación que le era debida. En efecto, debe considerarse, en primer lugar, que el cesionario, en el acto de adquisición, respecto al cedido, del crédito para la prestación contractual básica conocía o debía conocer que dicho crédito estaba subordinado al presupuesto del cumplimiento por parte del cedente (respecto al cedido) de la prestación contractual base que gravaba a dicho cedente; en segundo lugar, también debe destacarse que el incumplimiento del cedente respecto al cedido, aunque autoriza a este último a negar su propia prestación respecto al cesionario, sin embargo, determina al mismo tiempo, a cargo del cedente, la obligación de resarcir al cesionario del daño sufrido por éste[11].

Evidentemente, deben aplicarse principios totalmente diversos en las consecuencias de la cesión íntegra del contrato.

Baste un simple detalle: al transferir esta última globalmente al cesionario, tanto los elementos activos como *los elementos pasivos* de la posición contractual, encarnada antes en la persona del cedente, al mismo tiempo que aparta a éste del nexo contractual, lleva consigo, necesariamente, toda una serie de obligaciones recíprocas entre cesionario y contratante cedido.

Volviendo a la cesión de solos los elementos activos, destaquemos que la naturaleza jurídica de tal cesión debe referirse al esquema de la cesión ordinaria de los créditos, aunque teniendo en cuenta, como es lógico, la particular naturaleza del crédito en cuestión, en cuanto que se deriva de un contrato bilateral[12]. Por tanto, también *in subiecta materia* son aplicables los principios

---

[10] Puede suceder que la mercancía entregada al cesionario presente defectos, alteraciones o disminuciones, de tal suerte que no pueda estimarse conforme con la estipulada en el contrato por el exportador (deudor cedido) y por el importador (cedente). En este caso deberá el cesionario acogerse a las disposiciones del artículo 1.511 del Código civil y proceder a denunciar los vicios y defectos de calidad preexistentes al transporte, en relación con el exportador, para conservar íntegros sus derechos contra este último. Cfr. Ramella: *ob. cit.,* pág. 30.

[11] Cfr. Puleo: *La cessione del contratto,* Milán, 1939, pág. 42, texto y nota 3; así como Cuturi y Piola, allí citados.

[12] Sobre la posibilidad de transferir mediante cesión los créditos derivados del contrato bilateral, cfr. Redenti: *Dei contratti nella prattica commerciale,* Padua, 1931, n. 111, pág. 149. Fontana: *Cessione di contratto,* en la *Riv. di dir. comm.,* 1934, I, pág. 180, texto y

generales sobre la cesión de los créditos y, en particular, el principio máxima (art. 1.260) de que el acreedor puede transferir su crédito sin el consentimiento del deudor cedido (mientras que la cesión integral del contrato, al transferir también los elementos pasivos, también presupone, imprescindiblemente, el consentimiento del contratante cedido). Siendo, de igual modo, aplicables las normas generales sobre la eficacia de la cesión respecto al deudor cedido (artículo 1.264) y respecto a terceros (art. 1.265), también la cesión de los elementos activos tiene efecto respecto al deudor cedido cuando ésta la ha aceptado o cuando le ha sido notificada: el cedido no puede negarse a reconocer al nuevo acreedor, esto es, el cesionario, y estará obligado a efectuar la debida prestación (por ej., la oportuna entrega de la mercancía vendida) a este último, de igual modo que lo estaba obligado antes respecto al cedente.

Por otra parte, puesto que sigue sin perjuicio, según los criterios expuestos, la original interdependencia objetiva entre los derechos y las obligaciones derivadas del contrato básico, cuando el cedente incumpla sus propias obligaciones contractuales para con el cedido, éste podrá seguir una de las dos conductas siguientes:

a) Suspender, respecto al cesionario, el cumplimiento de sus propias obligaciones básicas (art. 1.460), oponiendo la excepción del incumplimiento.

b) Actuar para lograr el cumplimiento o la resolución judicial del contrato básico, salvo, en todo caso, el resarcimiento de daños (art. 1.453). Si actúa para lograr el cumplimiento deberá dirigirse contra el cedente; actuando, en cambio, para lograr la resolución deberá intentar su acción, bien contra el cedente, bien contra el cesionario.

c) Intimar por escrito al cedente (incumplidor) para que cumpla dentro de un plazo congruente (art. 1.454), con declaración (notificada también al cesionario) de que pasado inútilmente dicho plazo (normalmente no inferior a quince días) el contrato se entenderá, sin más, resuelto de derecho[13], con las respecti-

---

nota 2; así como la doctrina y jurisprudencia allí citadas. PULEO: *ob. cit.*, pág. 40. Para la doctrina alemana, CROME: *System des deutschen bürgerlichen Rechts*, Tubinga, 1902, vol. II, § 198, pág. 324. ENNECCERUS-LEHMANN: *Lehrbuch des bürgerlichen Rechts*, vol II, *Recht der Schuldverhältnisse*, Marburgo, 1932, págs. 278 y sigs. GIERKE: *Deutsches Privatrecht; Schuldrecht*, Monaco-Leipzig, 1917, vol. III, § 180, páginas 185 y sigs. OERTMANN: *Das Recht des Schuldverhältnisse*, Berlin, 1906, págs. 265-85. TUHR: *Der allgemeine Teil des deutschen bürgelichen Rechts*, Leipzig, 1910-18, vol. I, § 12, págs. 219 y sigs.

Para la doctrina francesa, HUC: *Traité théorique et pratique de la cession et de la transmission des creances*, 1891, vol. I, n. 196 y sigs. AUBRY y RAU: *Cours de droit civil français*, Paris, 1907, vol. V, página 199. PLANIOL-RIPERT: *Traité pratique de droit civil français*, Paris, 1931, vol. VII, págs. 427-28.

[13] Obsérvese, sin embargo, que al deudor que no cumple se le concede el derecho de desarrollar una eventual oposición contra la intimación indicada. A consecuencia de esa

vas consecuencias del resarcimiento del daño a cargo de quien no cumplió y, en particular, con la exoneración para el mismo cedido de cualquier obligación para con el cesionario (porque *resoluto iure dantis, resolvitur et ius accipientis).*

d) En el caso de cláusula resolutoria inscrita en el contrato original base para la eventualidad de que una determinada obligación no se cumpla según la modalidad establecida, el cedido puede, en fin, invocar la resolución de derecho del precitado contrato base, declarando al cedente y al cesionario que pretende valerse de la cláusula resolutoria (art. 1.456); con las consecuencias, también en este caso, y con la exoneración ya examinadas en la letra c)[14].

En todas estas hipótesis, por ser responsable también indudablemente el cedente (incumplidor) respecto al cesionario, quedará aquél obligado al resarcimiento de daños para con el segundo[15].

Puesto que en esta figura de cesión también pasan los elementos activos *ex contractu* al cesionario, cuantitativamente en la misma medida y cualitativamente con los mismos caracteres que tenían en el cedente (es decir,

---

oposición se planteará un juicio regular contradictorio en el que las partes podrán hacer valer sus respectivas razones y del que nacerá o no el derecho del contrato.
En cambio, si no se plantea esa oposición, o el contrato no se cumple dentro del plazo asignado para cumplirlo, la resolución se produce *de derecho,* o sea sin necesidad de pronunciamiento judicial.
Se ha observado que la intimación a que se refiere el artículo 1.454 se parece al procedimiento de ejecución (arts. 64 y sigs. Cód. proc. civil), del que es aplicable a la indicada intimación el trámite de la oposición. Cfr. a este respecto Messineo: *Dottrina generale del contrato,* Milán, 1944, pág. 406. Luzzatto: *La Compravendita secondo ü nuovo codice,* vol. II, Génova, 1948, págs. 532 y sigs., el cual observa, empero, que si bien la Exposición de Motivos ministerial (n. 129) habla de procedimiento monitorio a propósito del regulado en el artículo 1.454, sin embargo, no debe exagerarse la afinidad entre éste y el procedimiento ejecutivo (dadas las notabilísimas diferencias existentes entre ambos), por cuya razón se debe andar con mucho cuidado al proceder por analogía. Como conclusión de un interesante examen del problema llega ese autor a las siguientes conclusiones esenciales: *a)* Aunque no es dudoso que la absoluta inactividad del intimado (durante todo el tiempo prefijado) da lugar a la resolución del contrato (dadas las claras exposiciones del art. 1.454), esa resolución puede ser no definitiva, en cuanto que debe concedérsele la posibilidad de recurrir *judicialmente* contra los efectos que se derivarían de ella, demostrando, por ejemplo, que no se halla en incumplimiento, que no le ha llegado esa intimación, etc. *b)* Que debe estimarse como suficiente para suspender el efecto resolutivo de la intimación la oportuna *oposición extrajudicial* del deudor.

14 En relación con el medio resolutivo a que se refiere el artículo 1.456, también se estima, sin embargo, que no da lugar tampoco a una *resolución definitiva, o* sea, de tal clase que cierre a la parte contra la que se haya obtenido la resolución del contrato una actuación *judicial* contra tal resultado, y demostrar que el contrato no debe darse por resuelto; o que debe considerarse resuelto, pero por culpa del adversario: cfr. Luzzatto: *ob. cit.,* pág. 542.

15 Cfr. Mossa: *Vendita di contratto,* en la *Riv. dir. comm.,* 1928, II, pag. 641. Fontana: *Ob. cit.,* pag. 183. Puleo: *Ob. cit.,* pag. 44. Horwitz: *Erfahrungen und Zweifelsfragen im Bezug auf Kontraktverkäufe,* en la *Hanseatische Rechtzeitschrift,* 1926, n. 23, pag. 888.

disciplinados y dominados siempre por la fuente contractual primitiva), y puesto que *nemo plus iuris transferre potest quam ipse habet,* se sigue que si las razones crediticias del cedente respecto al cedido estaban *ab origine,* según el contrato base, subordinadas a una condición, tal condición desarrollará sus efectos normalmente después de la cesión en las relaciones entre cesionario y contratante cedido. Igualmente parece fundada, m *subiecta materia,* la opinión que sujeta también al cesionario a la eventual cláusula compromisoria preexistente en el contrato base; en efecto, dicha cláusula, que se refiere al contrato en su conjunto, afecta tanto a los elementos pasivos como a los elementos activos *ex contractu,* y, por tanto, sigue lógicamente a estos últimos en la hipótesis de la transferencia al cesionario, tanto más cuanto que esa transferencia deja sin perjudicar la primitiva y original interdependencia objetiva entre los elementos activos y pasivos precitados[16].

3. Diferenciación particular entre la reventa y la cesión de los derechos derivados del contrato de venta

En síntesis, los efectos esenciales de la cesión examinada en el número precedente pueden compendiarse así, por tanto;

Respecto al *cedido:* cambio de la persona del acreedor (el cesionario en vez del cedente) en cuanto a las obligaciones *ex contractu* a su cargo; mientras que, por su parte, el cedido conserva intactas sus razones crediticias *(ex contractu)* respecto a su contraparte primitiva, o sea el cedente.

Respecto al *cedente:* mientras que antes de la cesión el cedente, como titular de derechos y obligaciones *ex contractu* interdependientes, representaba por sí solo, en el esquema del contrato bilateral, una de las dos *partes contratantes* (entendiendo por parte contractual un centro autónomo de intereses), después de la cesión el cedente queda, como siempre, gravado con todas las obligaciones *ex contractu* (para con el cedido), pero cesa en sus razones crediticias contra este último, a consecuencia de la transferencia de ellas a favor del cesionario. Consiguientemente, en el ámbito de aquella parte contractual, que originalmente estaba representada por una sola persona física, es decir, el cedente, después de la cesión —aun permaneciendo dicha *parte* contractual *única* como tal— viene a producirse un desdoblamiento subjetivo, en cuanto que un nuevo sujeto entra para reunir en sí todos los derechos (el cesionario), y *a latere* continúa el primitivo contratante (el cedente) soportando todas las obligaciones *ex contractu.* Naturalmente, como ya se ha indicado, permanece sin perjuicio, respecto a los derechos y obligaciones precitadas, la original interdependencia objetiva con los derechos y obligaciones de la otra parte, tal como la preconstituyó el contrato base. En otros términos, después de la cesión, una misma parte contractual viene a estar representada subjetivamente por dos

---

[16] Cfr. FONTANA: *ob. cit.,* pag. 183. HORWITZ: *ob. cit.,* pag. 88.

personas físicas, de las que una (cesionario) es titular únicamente de los derechos *ex contractu,* y la otra (cedente) es titular únicamente de las obligaciones: derechos y obligaciones coligados siempre, en el aspecto objetivo, por el original vínculo de interdependencia con los derechos y obligaciones de la contraparte (cedido), así como lo estaban, antes de la cesión, cuando la antedicha parte contractual estaba representada por un solo sujeto (cedente).

Respecto al *cesionario:* con la perfección de la cesión sustituye al cedente en las razones crediticias *ex contractu* que correspondían a éste respecto al cedido, objetivamente inalteradas cuantitativa y cualitativamente.

Respecto a los *tres sujetos indicados:* por permanecer objetivamente inalterada la interdependencia original existente entre los derechos y las obligaciones derivadas para las partes del contrato base, en tanto puede ejercer el cesionario, frente al cedido, los derechos en que ha sustituido al cedente, en cuanto que éste, a su vez, cumpla u ofrezca cumplir al mismo tiempo sus propias obligaciones *ex contractu* en relación con el cedido, según los principios generales vigentes en esta materia para los contratos con prestaciones recíprocas (artículo 1.460).

Interesa, por último, poner de relieve que por la norma general el cedente queda exonerado de responsabilidad respecto al cesionario por la eventual e ilegítima negativa del cedido a cumplir lo debido en relación con el cesionario[17]; también en este caso por aplicación del principio de la cesión a título oneroso, aunque el cedente está obligado a garantizar la existencia del crédito al tiempo de la cesión, no responde, en cambio, por norma general, de la solvencia del deudor (a no ser que haya asumido la garantía de esa solvencia: artículo 1.267). En relación con tal principio se comprende, por tanto, en la cesión de los derechos *ex contractu,* que si el cedente había cumplido regularmente sus propias obligaciones contractuales con el cedido, y éste se niega ilegítimamente, en cambio, a cumplir por su parte en relación con el cesionario, no le estará permitido a éste revolverse contra el cedente que no haya garantizado la solvencia del cedido; el cesionario en cuestión podrá actuar únicamente contra su único deudor, o sea directamente contra el cedido.

Una vez establecido todo esto, ¿qué ventaja puede presentar, en concreto, la cesión de los derechos derivados de un contrato de venta de mercancías en comparación con la verdadera y propia *reventa de mercancías?* En esta última el revendedor (que en el esquema de la cesión de solos los derechos *ex contractu* tendría como sujeto correspondiente al cedente) revende (eventualmente por un precio distinto) a un segundo comprador (que tendría como sujeto correspondiente al cesionario) aquella mercancía que el primero ha adquirido del vendedor primitivo (que tendría como sujeto correspondiente al cedido). El

---

[17] Cfr. RAMELLA: *La cessione di contratto nel commercio di esportazione,* en *Le società per azioni,* 1928, págs. 30-31. FONTANA: *ob. cit.,* pág. 180.

revendedor se obliga a entregar directamente, o hacer entregar, en el tiempo convenido al segundo comprador la mercancía vendida, asumiendo la responsabilidad por los daños que se pudieran ocasionar a este último por una eventual falta de cumplimiento. En la contratación sobre mercancías puede suceder que ésta no se halle todavía a disposición del revendedor (por ej., por estar aún en viaje, o porque deba ser expedida por el primer vendedor en época posterior); o bien puede suceder también que dicha mercancía esté actualmente a disposición del revendedor, como, por ejemplo, si se encuentra depositada en tercera persona, en cuyo caso el vendedor podrá disponer de ella mediante la entrega de los títulos representativos, por medio de los cuales el revendedor podrá poner al segundo comprador en situación de exigir la entrega material de la mercancía por el depositario. Puesto que el segundo comprador ha adquirido del revendedor directamente la mercancía (y no las razones crediticias de este último respecto al proveedor de la mercancía), si el primer vendedor falta a sus deberes y obligaciones contractuales, por ejemplo, no efectuando la convenida expedición de la mercancía o realizándola tardíamente, el revendedor será responsable respecto al segundo comprador, precisamente porque el primero se ha obligado a consignar o a hacer consignar directamente al segundo comprador, en el tiempo convenido, la indicada mercancía, consigna o entrega que no se ha realizado en concreto.

Respecto a tal reventa, la cesión, en cambio, de solo los derechos *ex contractu* presenta –según las consideraciones anteriormente expuestas– la ventaja de exonerar de responsabilidad al cedente por el eventual incumplimiento del contratante cedido en relación con el cesionario.

4. Distinción entre la cesión del contrato y la transferencia de solo los elementos pasivos «ex contráctil»

También es preciso distinguir de la cesión integral del contrato la posible transferencia a un tercero (nuevo deudor) de solo los *elementos pasivos* que se derivan, a cargo de uno de los primitivos contratantes, de un contrato con prestaciones recíprocas todavía total o parcialmente no cumplido. Piénsese, por ejemplo en una compraventa, en la posibilidad de transferir a cargo de un nuevo obligado, y por parte del comprador, la deuda del precio que aun no haya sido pagado al vendedor original.

En relación con tal transferencia de solo los elementos pasivos *ex contractu* debe presuponerse, naturalmente, que todos los elementos activos siguen permaneciendo en la persona del transfirente y que después de la transferencia en cuestión permanece objetivamente inalterada la relación de reciprocidad preexistente entre dichos elementos contractuales activos y pasivos (respectivamente convergentes, después de la transferencia, en distintos sujetos, en representación siempre de una *única* parte contractual) y los correspondientes elementos contractuales activos y pasivos encarnados en la invariada parte contraria primitiva. Sobre esta relación de reciprocidad volveremos dentro de poco. Interesa en este momento poner de relieve que con el consentimiento, sea del tercero que sustituye en los elementos pasivos, sea de *entrambos* contratantes primitivos del contrato base[18], se producen los siguientes cambios respecto a este contrato original. El sujeto que transfiere los elementos pasivos (que por brevedad denominaremos el *transmitente)* transfiere todas sus obligaciones *ex contractu* a un nuevo sujeto, quedando él expresamente liberado de esas mismas obligaciones respecto a la otra parte contractual primitiva[19], y ésta, a su vez, al mismo tiempo que sigue estando siempre vinculada para con el transmitente por sus invariadas obligaciones *ex contractu,* consiente en reconocer como a exclusivo deudor suyo, por los elementos pasivos transferidos, al nuevo sujeto que se ha hecho cargo de los mismos.

Evidentemente estamos aquí en presencia de una sucesión a título particular en el débito, realizable mediante una exclusiva asunción de deuda, en virtud de la cual un nuevo deudor asume las obligaciones *ex contractu* del deudor precedente, que viene a quedar liberado del acreedor; es decir, que el nuevo deudor se sustituye en la situación jurídica del primitivo deudor en cuanto se refiere a los elementos pasivos, separados, por así decir, del contrato base.

Remitiéndonos a cuanto hemos dicho ampliamente en otro lugar[20] sobre el delicado problema de los diversos procedimientos negociales a través de los cuales puede realizarse la asunción de deuda exclusivamente en el actual sistema legislativo, basta destacar solamente aquí que, en nuestra opinión, dicha asunción puede ser realizada, desde un punto de vista general, bien por solo la delegación de deuda, bien por ofrecimiento espontáneo, bien por contrato a favor de tercero. Pero en relación con la transferencia de los elementos pasivos de un contrato bilateral, del que aquí nos ocupamos en concreto, como esa transferencia supone la directa participación negocial (y con más frecuencia la iniciativa determinante) del primer deudor sustituido, destacamos que la transferencia en cuestión no puede ser realizada mediante el procedimiento del ofrecimiento espontáneo, porque éste, de suyo, excluye típicamente la intervención y el consentimiento del sustituido, perfeccionándose solamente entre

---

18 De modo diferente a cuanto se ha propuesto en el número anterior para la cesión de los elementos activos *ex contractu,* es obvio que no podría suponerse aquí una transferencia de solo los elementos pasivos que prescindiera del consentimiento del acreedor (es decir, de la contraparte primitiva del transmitente en el contrato básico).

19 Interesa aquí, sobre todo, la hipótesis típica de que el transmitente, a continuación de la transferencia, quede plenamente liberado de sus obligaciones contractuales hacia la parte primitiva. Aquí puede prescindirse, evidentemente, de la igualmente posible hipótesis de que dicha liberación, en concreto, no exista en cuanto el transmitente permanezca siempre vinculado respecto a la contraparte primitiva junto al nuevo aceptador (asunción acumulativa).

20 Cfr. Andreoli; *La Vendita di eredità,* Siena, 1943 §§ 11-12.

el acreedor y el nuevo deudor. Para la realización de esta asunción de deuda que aquí nos interesa quedan, por tanto, como utilizables, a elección de las partes, los procedimientos de la simple delegación y el del contrato a favor de terceros, en orden a los cuales nos remitimos a las consideraciones que ya tuvimos ocasión de exponer en el lugar antes citado[21].

Interesa ahora detenerse sobre algunas consecuencias derivadas de la permanencia y continuidad (aun después de la transferencia de los elementos pasivos) de la original relación *objetiva* de reciprocidad entre los elementos contractuales básicos activos y pasivos que corresponden respectivamente a las personas de los dos deudores (sustituido y sustituto) y los correlativos elementos contractuales activos y pasivos encarnados sin cesar en la persona de la otra parte contractual primitiva, es decir, en el acreedor. Pero, ante todo, una observación previa.

También en este caso, análogamente a cuanto se ha examinado en el número anterior, en relación con la cesión de solo los elementos activos, en el ámbito de una única parte contractual originalmente representada por una sola persona física (el transmitente), después de la transferencia de los elementos pasivos viene a producirse un desdoblamiento subjetivo, en cuanto que todos los derechos *ex contractu* siguen en el deudor transmitente, mientras que todas las obligaciones *ex contractu* pasan al deudor que se hace cargo de ellas.

Siempre se trata, después de esta hipótesis de transferencia, de una parte contractual *única,* aunque representada por dos personas físicas, en cuanto que, en especial, los derechos y las obligaciones en cuestión permanecen ligados por el vínculo original de interdependencia con los derechos y obligaciones de la otra parte contractual.

En otros términos, la relación de reciprocidad y de interdependencia entre derechos y obligaciones contractuales que se hallaban encarnados inicialmente en las partes primitivas del contrato base (que se presupone de prestaciones recíprocas), después de la transferencia aquí considerada permanece *objetivamente* invariable, y es así aunque en el ámbito de una parte contractual se ha producido un desdoblamiento subjetivo tal como se acaba de exponer antes (conservando el deudor sustituido todos los elementos activos y sustituyéndole el deudor sustituto en todos los pasivos), mientras que la otra parte primitiva del contrato (el acreedor) permanece subjetivamente invariable.

Consiguientemente, puesto que el nuevo deudor asume las obligaciones *ex contractu* tal como estaban constituidas en la persona del primer deudor, si el acreedor se niega ilegítimamente al cumplimiento de sus propias obligaciones contractuales para con el primer deudor, el sustituto podrá oponer al

---

[21] *Ibidem*: § 12.

dicho acreedor la *exceptio inadempleti contractus* y negarse por su parte a cumplir las obligaciones *ex contractu* por él aceptadas.

Frente a este hipotético incumplimiento por parte del acreedor, el poder pedir judicialmente el cumplimiento del contrato o la eventual resolución del mismo (con el consiguiente resarcimiento de daños) corresponderá al primer deudor, el sustituido, ya que se ha presupuesto, por hipótesis, que todos los derechos contractuales permanecen fijos en la persona de este sujeto.

Más precisamente, el deudor sustituido podrá:

a) Pedir frente al acreedor el cumplimiento o la resolución del contrato primitivo, dejando a salvo el resarcimiento de daños (art. 1.453).

b) Pedir por escrito al acreedor que cumpla en un tiempo congruo, con la declaración de que, transcurrido inútilmente ese plazo, el contrato se considerará sin más resuelto de derecho, es decir, sin necesidad de declaración judicial (art. 1.454).

c) En el caso de existir cláusula resolutiva expresa inserta en el contrato base para la eventualidad de que una determinada obligación no sea cumplida según la modalidad establecida, el deudor sustituido podrá, en fin, invocar la resolución de derecho, declarando al acreedor que piensa valerse de la cláusula resolutoria (art. 1.456), con sus respectivas consecuencias. Naturalmente, la eventual resolución del contrato base llevará también a una congrua regulación de las relaciones patrimoniales entre el deudor sustituido y el sustituto, por el hecho de que este último, por efecto de la resolución indicada, queda automáticamente liberado de las obligaciones *ex contráctil* que había asumido (obligaciones que, después de la resolución, deben considerarse como nunca constituidas). En particular, si la asunción de las obligaciones en cuestión fue hecha por el deudor sustituto mediante la correspondiente aportación hecha por el deudor sustituido, tal aportación deberá restituirse a éste por aquél para restablecer entre dichos sujetos el equilibrio patrimonial anterior a la sustitución de que se trate, puesto que ésta ha caducado posteriormente.

Puede también darse la hipótesis de que el deudor sustituto se niegue ilegítimamente al cumplimiento de las obligaciones *ex contractu* asumidas por él respecto al acreedor.

En tal caso, y siempre por la misma razón de que después de la transferencia de los elementos pasivos la ya examinada relación de reciprocidad y de interdependencia permanece *objetivamente* inalterada frente al supuesto incumplimiento, el acreedor podrá, por su parte, negarse al cumplimiento de sus propias obligaciones *ex contractu* para con el deudor sustituido *(exceptio inadimpleti contractus*) y actuar para obtener el cumplimiento o la resolución del contrato base, con el consiguiente resarcimiento de daños.

Más concretamente, el acreedor podrá:

a) Pedir judicialmente, en los derechos correspondientes frente al deudor sustituto (nuevo deudor a todos los efectos, en cuanto se presupone la plena liberación del primitivo deudor respecto al acreedor), el cumplimiento por éste de las obligaciones *ex contractu* que ha asumido globalmente (aparte, naturalmente, el resarcimiento de daños).

b) Pedir, tanto respecto al primitivo deudor como respecto al segundo que ha sustituido a éste, la resolución judicial del contrato base, además del resarcimiento de daños (artículo 1.453).

c) Pedir por escrito al deudor sustituto que cumpla dentro de un plazo congruente, con declaración (comunicada también al sustituido) de que pasado ese plazo se entenderá resuelto de derecho sin más el contrato base art. 1.454).

d) En el caso, en fin, de cláusula resolutiva expresa contenida en el contrato primitivo base para la eventualidad de que una determinada obligación no se cumpla según la modalidad establecida, el acreedor podrá recurrir a la resolución de derecho, declarando al primitivo deudor y al que le ha sustituido que intenta valerse de la cláusula resolutoria (artículo 1.456), con sus respectivas consecuencias.

En nuestra opinión, la acción resolutoria indicada en la letra *b*) —al afectar *in radice* la misma existencia del contrato base— debe ser desarrollada lógicamente tanto en relación con el deudor sustituto como con el deudor primitivo, de modo que la sentencia pueda causar efecto respecto a todos los interesados; en particular respecto también al deudor primitivo, que por efecto de una eventual resolución de contrato base vería, por una parte, automáticamente anulados sus propios derechos originales *ex contractu* frente al acreedor, y de otra parte automáticamente anuladas las obligaciones siempre *ex contractu,* transferidas por él al deudor segundo o sustituto.

Parece superfluo destacar, en fin, que después de la resolución del contrato base provocada por el incumplimiento por parte del deudor sustituto en relación con el acreedor, entre las tres esferas patrimoniales interesadas (del acreedor, del deudor primitivo y del deudor sustituto) deberá producirse la congruente regulación de las recíprocas relaciones con el fin de:

a) Resarcir al acreedor los daños que se le hayan derivado por la indicada resolución (daño que, en general, deberá gravar, en definitiva, sobre el deudor sustituto que no cumple y es responsable de la resolución).

b) Restablecer entre los dos deudores, si la sustitución se hizo mediante una prestación del deudor primitivo en favor del deudor sustituto, la situación patrimonial anterior a la transferencia, que ha venido a ser nula (es decir, a consecuencia de la anulación retroactiva de las obligaciones *ex contractu* ya incluidas en la transferencia en cuestión). Pero como, naturalmente, en la resolución del contrato base por culpa exclusiva del deudor sustituto, además del daño causado al acreedor, también se causa otro al deudor primitivo, en la precitada regulación definitiva de las relaciones patrimoniales entre los deudores para restablecer entre ellos la situación patrimonial inicial anterior a la transferencia de deuda será preciso tener en cuenta también el daño en cuestión, a fin del respectivo resarcimiento en favor del deudor primitivo.

5. Diversas construcciones de la cesión del contrato en la doctrina anterior: la teoría atomística de la descomposición; valoración crítica

De modo diverso a cuanto se ha visto en los números anteriores en relación con la transferencia de solo los elementos activos o los pasivos *ex contractu,* la verdadera y propiamente dicha cesión de contrato produce la transferencia a la persona de un tercero de todas las posiciones contractuales de uno de los contratantes primitivos como complejo de derechos y de obligaciones interdependientes encarnado en la persona del contratante que transfiere.

Antes de afrontar el problema de la construcción dogmática de la institución en el sistema del derecho vigente, se impone una valoración crítica de las principales orientaciones doctrinales anteriores. Sería superfluo que hoy nos extendiéramos en aquellas posiciones doctrinales que bajo el Código del 65, y partiendo del presupuesto de una pretendida inadmisibilidad de la sucesión a título particular en la deuda por actos *inter vivos,* estimaban imposible la transferencia de uno a otro sujeto del conjunto de las relaciones activas y pasivas surgidas del contrato, precisamente porque tal transferencia implica necesariamente la admisión de la antedicha forma de sucesión en la deuda. Aparte de que aquel presupuesto, como ya tuvimos la ocasión de demostrar oportunamente en otro lugar[22], debía estimarse inaceptable en la misma legislación anterior, de todos modos, hoy que el Código de 1942 admite inequívocamente la indicada sucesión, evidentemente las posiciones doctrinales que se acaban de recordar resultan por esto solo ya superadas.

Es significativo, por otra parte, que la mayor parte de los escritores y de los críticos, con una exquisita sensibilidad frente a las exigencias de la realidad jurídica y económica, ya habían estimado realizable, en el mismo sistema legislativo anterior, la transferencia de uno a otro sujeto de las relaciones activas y pasivas derivadas de un contrato. Pero llegaban a tal solución a través principalmente de dos construcciones dogmáticas opuestas que, por brevedad, denominaremos *atomística* una y *unitaria* la otra.

La construcción atomística tiene sus precedentes en la doctrina alemana, la cual, ya antes de la publicación del Código civil alemán había estimado la posibilidad de realizar la transferencia de los elementos activos y pasivos de un contrato mediante la reunión de un negocio de cesión de los derechos con

[22] Andreoli: *Delegazione privativa e delegazione di pagamento,* en la *Riv. dir civ.*, 1934, págs. 530 y sigs.

un negocio de asunción de las deudas. Nótese que, con respecto a los contratos bilaterales, la doctrina del derecho común había admitido ya sustancialmente que el lado completo activo de una relación contractual perteneciente a un determinado contrato podía ser transferido a otro sujeto mediante el procedimiento de la cesión[23]; después, y para satisfacer la exigencia de transferir, en un contrato bilateral, parcial o totalmente sin cumplir aún, además del lado activo, también el lado pasivo correspondiente a uno de los contratantes, no fue difícil el admitir la posibilidad de una yuxtaposición de una cesión de los elementos activos y de una asunción de los elementos pasivos inherentes a la posición contractual indicada.

En esta llamada *Zerlegungskonstruktion,* o teoría de la *descomposición,* se inspiró una amplia corriente de la doctrina alemana posterior a la promulgación del Código civil alemán[24], rechazando la tesis, representada principalmente en un primer momento por SIBER[25], según el cual las normas

---

23 Cfr. WINDSCHEID: *Diritto delle Pandette* (anot. de FADDA y BENSA), Turín, 1925, vol. II, § 335, pág. 299, texto y not. 13; así como los autores MÜHLENBRUCH, PUCHTA, REGELSBERGER y SEUFF, allí aludidos.

24 Cfr. DEMELIUS: *Vertragsübernahme,* en *Iherings Jahrbücher,* vol. 72, págs. 241 y sigs. GIERKE: *Deutsches Privatrecht, Schuldrecht,* Mónaco-Leipzig, 1917, vol. III, § 180, págs. 185 y sigs. CROME: *System des deutschen bürgerlichen Rechts,* Tubinga, 1902, vol. II, §§ 198-199. THUR: *ob. cit.,* vol. I, § 12, págs. 219 y sigs. ENNECCERUS-LEHMANN: *ob. cit.,* vol. II, *Recht der Schuldverhältnisse,* Marburgo, 1932 § 87, págs. 317-18. La doctrina alemana predominante, lejos de admitir en los contratos bilaterales la transferencia unitaria de la relación contractual, la fragmenta en derechos y obligaciones, de suerte que el paso de la relación misma tendría lugar en virtud de una combinación entre cesión de derechos y asunción de obligaciones. Opinión ésta, empero, criticada por SIBER en *Die schuldrechtliche Vertragsfreiheit,* en *Iherings Jharbücher,* vol. 70, pág. 294 y sigs. Destaca en particular LEHMANN, *ob. cit.,* pág. 317, que en el Código alemán el subingreso de un tercero en una relación contractual preexistente (en lugar de uno de los contratantes primitivos) se halla previsto expresamente en el § 571 cuando por el propietario-arrendador se enajena un fundo que se encuentra sometido aún al *arriendo:* el adquirente del fundo sustituye al citado propietario en los derechos y obligaciones nacidos del contrato de arriendo (*emptio non tollit locatum).* De igual modo disp'one también el § 581 del Código alemán respecto al contrato de *alquiler* cuando el fundo es enajenado por el propietario mientras rige tal contrato. Después de haber puesto en evidencia que si la cesión y la asunción están unidas por voluntad de las partes a fin de transferir íntegramente la posición contractual del cedente, pasan también los accesorios de los derechos de crédito (derecho de revocación, de volverse atrás, de impugnación, etc.), LEHMANN (pág. 318) concluye que no parece necesario llevar el subingreso (del cesionario) en el contrato a un negocio jurídico unitario, puesto que, en su opinión, sería suficiente que la voluntad de las partes, mediante la ligazón de la cesión y la asunción, se dirija al aludido resultado unitario. Nos reservamos para más adelante justificar nuestro disentimiento sobre ese planteamiento del problema.

25 SIBER, en la obra de PLANK: *Kommentar,* vol. II, parte 1.ª, *Recht der Schuldverhältnisse,* 1914, págs. 548-49. Uniéndose a una concepción ya expresada por Schollmeyer y por Hölder, sostiene SIBER en la obra citada de Plank, la íntima adherencia de la relación

del Código civil alemán sobre la cesión de créditos y asunción de deudas se referirían únicamente a la cesión de pretensiones crediticias *singularizadas* y a la asunción de obligaciones también *singularizadas,* razón por la cual debería excluirse que mediante negocios tales puedan transferirse en el Derecho alemán, de un sujeto a otro, los lados activos y pasivos por entero de una dada relación contractual.

La teoría de la descomposición influyó decididamente, en un primer tiempo, sobre la orientación predominante en nuestra doctrina y jurisprudencia; las cuales, incluso bajo la vigencia del Código del 65, admitieron la figura de la cesión del contrato (con más frecuencia a propósito de los contratos de compraventa de mercancías, de los contratos de seguros y para los de alquiler, estando ya prevista la cesión de los últimos en el art. 1.573 de dicho Código) esencialmente sobre la base de una descomposición de la relación contractual en derechos y obligaciones, transmitidos respectivamente mediante los dos negocios: de cesión (para los elementos activos) y de delegación o asunción (para los elementos pasivos). Este es el núcleo esencial de la orientación doctrinal y jurisprudencial que vamos a examinar[26].

Pero un meditado examen nos hace observar inmediatamente que la indicada teoría de la descomposición resulta poco satisfactoria, porque no admite el fenómeno de la circulación del contrato en toda su amplitud.

Ante todo, cuando cada uno de los tres sujetos participantes en el negocio de cesión del contrato expresa su declaración de voluntad negocial (referente a la transferencia a la persona de un tercero de la posición global contractual encarnada en uno de los contratantes primitivos del contrato bilateral básico), más bien que fraccionar, por hipótesis, su voluntad en una pluralidad

contractual con la persona de los contratantes primitivos; por cuya razón el contrato, como tal, debería ser considerado como intransferible, y solo los derechos y obligaciones individualizados podrían ser objeto de transferencia.
Sin embargo, debe observarse, como dentro de poco expondremos ampliamente, que, más adelante, Siber cambió totalmente de opinión afirmando la posibilidad de la transferencia unitaria e integral del contrato, en virtud del principio de la libertad contractual. Cfr. Siber: *Die Schuldrechtliche Vertragsfreiheit,* en *Iherings Jahrbücher,* vol. 70, págs. 274 y sigs.

26 Véase, en relación con la doctrina, Ferrara (padre): *Teoria dei contratti,* Nápoles 1940, págs. 304 y sigs. Respecto a la Jurisprudencia del Tribunal Supremo según la orientación expuesta en el texto, véanse las varias sentencias citadas por Puleo: *ob. cit.,* pág. 35, nt. 36. Particularmente significativa es la sentencia de 13 de julio de 1938 (en el *Repertorio Giurisprudenza Italiana,* 1938, palabra *Obligazioni e contratti,* n. 79), que dice así: «No existe en nuestro ordenamiento un negocio unitario que suponga la transmisión integral (cesión) de un contrato bilateral incumplido, es decir, la transmisión por parte del comprador, del crédito respecto a la mercancía y de la deuda respecto al precio, conjuntamente. Empero puede llegarse a este resultado descomponiendo el negocio en sus respectivos elementos de crédito y deuda, aplicando al primero la institución normal de la cesión y al segundo el de la asunción de la deuda.»

de declaraciones negociales como son los elementos singulares activos y pasivos a transferir, emite, por el contrario, una declaración *única de disposición* que, como justamente se ha observado, abarca la posición global contractual que se transfiere, considerándola unitariamente en su conjunto orgánico de deudas y créditos estrechamente interdependientes. Esta unicidad de la declaración dispositiva es un índice lo más elocuente para advertir que en la cesión de contrato no se está ya en presencia de dos o más negocios de transferencia (que lógicamente requerirían también una correlativa pluralidad de declaraciones de voluntad), sino en presencia de un negocio *único* de transferencia (de la orgánica posición contractual antedicha); negocio pensado, precisamente, para realizar unitariamente la circulación del contrato.

Frente a esta orientación unitaria de la voluntad negocial, expresada respectivamente por el cedente, el cesionario y el contratante cedido, es evidentemente arbitrario y apartado de la realidad jurídica idear un fraccionamiento atomístico de aquella voluntad a través de una pluralidad de declaraciones parciales, encaminadas unas a transmitir los elementos activos y otras los elementos pasivos de la posición contractual a transferir: es decir, encaminadas de modo singular a realizar efectos solamente parciales en comparación con lo que es, en cambio, la cesión del contrato unitariamente concebida. Nótese, pues, que en el negocio de cesión del contrato, a la destacada unicidad de disposiciones y unicidad de declaraciones de voluntad negocial por parte de cada uno de los tres sujetos, hace juego también la unicidad de la causa (objetiva) del negocio de cesión aquí considerado, mientras que si se estuviera en presencia de varios negocios traslativos de los elementos activos y pasivos, singularizados —como quiere la tesis que estamos combatiendo— debería aparecer una correlativa pluralidad de causas que, por el contrario, es extraña *in subiecta materia.* En la cesión de contrato la causa es *una sola:* verificar la transferencia de una posición preexistente contractual (entendida unitariamente) de uno de los contratantes primitivos (cedente) a un nuevo sujeto (cesionario), de tal modo que el primero venga a quedar, por así decir, extraído del contrato básico, y el segundo venga a entrar en él a todos los efectos en la posición contractual del primero, respecto al contratante cedido y subjetivamente invariado: es decir, como con una fórmula aguda se ha dicho, «paso del contrato», *como un todo,* y no transferencia aislada de los varios elementos que lo componen.

Ahora bien, ¿cómo puede sostenerse seriamente que, en lugar de una causa única, se está en presencia, *in subiecta materia,* de una pluralidad de causas, cuantas, por hipótesis, son necesarias para los procedimientos negociales precisos para la transferencia aislada de los singulares elementos pasivos y activos inherentes a la posición contractual que se transfiere? Unidad, repetimos, de declaración de voluntad negocial en cada uno de los tres sujetos, y unidad de causa de la cesión de contrato: por tanto, unidad también del mecanismo negocial empleado para realizar el efecto unitario de la circulación del contrato. Unidad del mecanismo negocial que, abarcando el conjunto orgánico de los elementos activos y pasivos a transferir ofrece otra ventaja respecto a las interpretaciones atomísticas del fenómeno que, examinados, no podía escapar a la atención de la doctrina anterior: la de conservar más, establemente, durante la fase de la transmisión y después de ella, la interdependencia existente entre los elementos activos y pasivos citados, evitando así, también formalmente, cualquier fractura en los nexos existentes entre los mismos elementos[27].

6. Teoría intermedia: valoración crítica

No ha faltado en esta materia una orientación que podríamos calificar de intermedia entre la atomística y la unitaria (aunque, al menos tendencialmente, gravite más hacia esta última). La cesión del contrato —se ha dicho— es un negocio jurídico *complejo* resultante de una cesión de crédito y de una asunción de deuda, que, produciendo la transmisión de los créditos y de las deudas derivadas del contrato, y, por tanto, la transmisión integral de la relación contractual, coloca a un tercero (cesionario) en la misma posición que ocupaba uno de los contratantes (cedente). Pero el negocio es único —se añade— porque única es la declaración de voluntad que origina la cesión y la asunción y correlativo es el resultado a que éstas lleva: como único es también el fin que persiguen las partes[28].

Frente a esta aislada tentativa doctrinal es lícito observar, ante todo, que es extremadamente vaga e indefinida la referencia a la figura del negocio *complejo,* invocado en esta materia fuera de lugar por completo, por faltar en ella los presupuestos (si se habla de negocio complejo en una acepción rigurosamente técnica). Por tanto, queda más misterioso que nunca cómo permanece único el negocio de cesión de contrato (según cuanto se afirma *ex adverso)* a pesar de resultar constituido por dos diversos mecanismos negociales (cesión de créditos y asunción de deudas): teniendo éstos una estructura y funcionamiento distintos no se comprende —ni la tesis expuesta lo explica— cómo pueden dar vida después a un nuevo mecanismo negocial unitario de transferencia de toda una orgánica posición contractual. La vida jurídica de cada día

---

27 Cfr. Puleo: *ob. cit.,* pág. 71.

28 Fontana: *ob. cit.,* págs. 203 y sigs. No es improbable que esa actitud haya sufrido, al menos en parte, la influencia de las siguientes consideraciones ya formuladas por Finzi: *La riassicurazione e la cession del portafoglio,* en la *Riv. dir. comm.,* 1932, p. I, 662: «Cuando en el momento de su creación las relaciones jurídicas de deuda y crédito nacidas de un contrato sinalagmático no han sido *soldadas* indisolublemente entre sí, están sujetas, en cuanto a la cesión singular, a las normas que regulan la transmisión de cada una de ellas. Los derechos deben ser transferidos mediante las formas de la cesión; los deberes no se transfieren con efecto absoluto más que mediante la asunción novativa. *Si se quieren transferir conjuntamente derechos y deberes se necesita un negocio que tenga reunidos los requisitos de una cesión y de una asunción de deuda.*»

ofrece, en verdad, continuos ejemplos de una pluralidad de negocios estipulados por las mismas partes, contextual y formalmente consagrados también en un mismo documento: pero esto no quita que se trate siempre de *negocios distintos* (que conservan siempre su distinta e inconfundible individualidad) y no de un negocio único.

También puede suceder que cuando la tesis examinada ha hablado vagamente de negocio complejo *in subiecta materia,* haya pretendido hacer referencia, o acaso haya tenido una indefinida intuición de ese fenómeno particular que es la *coligación* en sentido técnico entre los negocios[29]. Como ya se sabe, esa coligación negocial se produce cuando están presentes dos elementos:

a) Un elemento objetivo, referente a la función que los negocios coligados desarrollan en concreto, es decir, un estrecho nexo económico y teleológico existente entre los negocios de que se trate.

b) Un elemento subjetivo que consiste no solamente en la consciencia de tal nexo, en los participantes en los diversos negocios, sino también en la intención de coordinar los varios negocios hacia un fin común.

Ahora bien, aun en el caso de que la tesis criticada hubiera pretendido ocultar una hipotética referencia a la categoría de los negocios coligados (es decir, ligazón de una cesión y de una asunción respectivamente traslaticias de todos los derechos y de todas las obligaciones inherentes a la posición contractual a transferir) debería observarse de todos modos que no se estaría en presencia de un negocio *único* de transferencia (resultado que querría prevenir la tesis aquí criticada), sino que siempre estaríamos en presencia de *dos negocios,* siquiera estuvieran ligados entre sí. Ahora bien, en el fenómeno de circulación del contrato, la configuración de los dos negocios indicados está excluida por las consideraciones expuestas y defendidas en el número anterior.

Se debe concluir, por tanto, que la interpretación del fenómeno precitado debe basarse en otros criterios directivos.

7. Teoría unitaria

Una orientación doctrinal diferente, representada en Alemania por SIBER (en la última determinación y concreción de su pensamiento) y por Mossa en Italia[30], se opone decididamente a la teoría atomística, poniendo de relieve que en la cesión de contrato no se opera una transferencia singular o atomística de determinados derechos o de particulares obligaciones, sino una transferencia

---

[29] Vease a este proposito GIORGIANNI: *Negozi giuridici collegati,* en la *Riv. italiana scienze giuridiche,* 1937, págs. 275 y sigs.

[30] SIBER: *Die schuldrechtliche...,* cit. en voi. 70, págs. 294 y siguientes. MOSSA: *Vendita di contratto,* en *Riv. dir. comm.,* 1928, II, págs. 633 y sigs. *Riassicurazione e cessione di portafoglio,* ibidem, 1932, I, págs. 656 y sigs.

integral de los elementos activos y pasivos del contrato, de tal modo que el cesionario entra en el contrato básico con todos los derechos y las obligaciones de la parte cedente primitiva.

Según esta concepción unitaria, el paso del contrato a la persona del cesionario, lejos de explicarse con el ya criticado desdoblamiento de una cesión para los elementos activos y de una asunción para los elementos pasivos, está determinado, en cambio, por un *único negocio de disposición sobre el contrato,* como conjunto unitario de derechos y de obligaciones. Así, para acentuar el carácter unitario de la transferencia, da MOSSA (que ya se ocupó del problema con particular atención respecto a la transferencia de la venta mercantil) la preferencia a la expresión «venta de contrato», la cual, en su opinión, estaría regulada por *normas propias,* en cuya reconstrucción entrarían esencialmente las reglas fundamentales de la cesión de créditos, y de la asunción de deudas[31].

También se inspiró después en esta concepción unitaria PULEO[32], el cual, después de haber refutado la construcción atomística, observó en particular que si los elementos (activos y pasivos) derivados de un contrato bilateral pueden circular separadamente unos de otros (circulación, empero, que en esta forma separada es una excepción) no hay razón alguna para opinar que esté impedido a las partes realizar una transferencia no aislada y separada, sino de todo el conjunto, mediante un *único* negocio, productivo de un único efecto jurídico. Así, según el autor citado, tal transferencia unitaria sería tanto más aceptable cuanto que, afectando a todo el conjunto orgánico de los elementos activos y pasivos, no produciría escisión alguna en los nexos íntimos que se hallan en la base de los mismos. PULEO, como antes MOSSA, ponía, pues, de relieve la necesidad de una adhesión del contratante cedido a la declaración negocial del cedente y del cesionario: adhesión evidentemente imprescindible por tratarse de transferir junto a los elementos contractuales activos también los pasivos, para cuya transferencia es preciso, lógicamente, el consentimiento del respectivo acreedor. Por tanto, análogamente a cuanto habían puesto de relieve DEMELIUS y MOSSA en los escritos citados, también PULEO admitía la posibilidad, excluida injustamente por otros[33], de una adhesión previa (por

---

31 Sobre tales reglas, cfr. MOSSA: *ob. cit.*, págs. 639-42, donde el autor valora críticamente los resultados de la doctrina anterior, con referencia especial a los ya citados escritos de DEMELIUS y de HORWITZ.
Pero para ciertas consideraciones de MOSSA, véanse algunas reservas formuladas por PULEO: *ob. cit.*, pág. 75, nt. 3.

32 PULEO: *ob. cit.*, *passim,* y especialmente págs. 68-72. Contra la concepción atomística y a favor de la necesidad de un *instrumento unitario* apto para realizar la sustitución del cesionario en la compleja posición contractual del cedente, se pronunció luego FERRARA (hijo): *Per una disciplina legislativa della cessione del contratto,* en la *Riv. dir. priv.*, 1941, pág. 109.

33 Por ej., FONTANA: *ob. cit.*, pág. 191.

parte del contratante cedido) a la cesión del contrato. En cuanto a la posición del cedente respecto a sus obligaciones básicas para con el contratante cedido, también PULEO admitía, de conformidad con la doctrina anterior, dos fundamentales figuras de cesión de contrato: aquella por efecto de la cual el cedente indicado queda liberado a todos los efectos respecto al contratante cedido, y aquella otra en la cual, por el contrario, el cedente queda siempre vinculado (para con el contratante cedido), pero solo en situación subsidiaria, en cuanto que el obligado principal lo es el cesionario.

De todo esto resulta que las examinadas hasta aquí serían las últimas orientaciones, en el problema que nos ocupa, de nuestra literatura jurídica formada bajo la vigencia del Código de 1865[34].

Como juicio de conjunto puede decirse que tales orientaciones, aunque habían logrado desvincularse de las inadecuadas y artificiosas construcciones atomísticas, y habían llegado a individualizar una unidad estructural del negocio de cesión de contrato, no habían llegado, empero, todavía (en ausencia también de una expresa disciplina legislativa de la institución) a una completa reconstrucción dogmática del negocio en cuestión, dejando a las posteriores aportaciones doctrinales la tarea de identificar de modo más preciso la naturaleza jurídica del negocio mismo, sobre la base unitaria ya definitivamente conquistada.

[34] Puesto que ya fue refutado exhaustivamente por otros bajo la vigencia del Código de 1865, no nos detenemos aquí sobre la aislada tentativa doctrinal que, partiendo del presupuesto de la inadmisibilidad de una sucesión particular en la deuda, estima construir la cesión del contrato sobre la base de una *renovatio contractus*. Para su refutación véase sobre todo FERRARA (padre): *Teoria dei contratti,* Nápoles, 1940, págs. 304 y sigs. PULEO: *ob. cit.,* páginas 23 y siguientes.
En la escasísima literatura dedicada a la cesión del contrato desde la entrada en vigor del nuevo Código, la orientación- unitaria ha ido consolidándose. MESSINEO: *Dottrina generale del contratto,* Milán, 1944, pág. 368, destaca que cedente, cesionario y cedido estipulan un negocio plurilateral, y observaba además (pág. 374) que «la figura jurídica dentro de la cual se incluye la cesión del contrato es la de la verdadera y propia sucesión a título particular y por acto inter vivos en el contrato.» Netamente adherido a la concepción unitaria es también CLARIZIA: *La cessione del contratto,* Nápoles, 1946, pág. 17, según el cual «hay una sucesión en sentido técnico mediante un único negocio plurilateral de transferencia, porque cedente, cesionario y contratante cedido manifiestan conjuntamente sus respectivas voluntades». Sin embargo, a este respecto es oportuno considerar ahora que los tres sujetos indicados pueden manifestar su voluntad también *sucesivamente,* a través de una formación *progresiva* del negocio de cesión, como más adelante (n. 10) examinaremos.
También se adhiere a la orientación unitaria, rechazando la concepción atomística, COLAGROSSO: *Teoria generate delle obligazioni e dei contratti,* Roma, 1948, págs. 318-19.

CAPÍTULO II

LA CESIÓN CON LIBERACIÓN DEL CEDENTE

SUMARIO. — 8. Las tres fundamentales configuraciones de cesión del contrato previstas en la legislación vigente. — 9. La cesión con liberación del cedente: generalidades; los contratos cedibles. — 10. Proceso formativo del negocio de cesión. —11. Efectos del negocio de cesión en la dirección cedente-cesionario. — 12. Efectos en la dirección cedente-contratante cedido. — 13. Efectos en la dirección cesionario-contratante cedido. — 14. La relación subyacente entre cedente y cesionario. — 15. La cesión del contrato como contrato plurilateral con tres partes.

8. Las tres fundamentales configuraciones de cesión del contrato previstas en la legislación vigente

Al disciplinar *ex novo* la institución de la cesión del contrato, el legislador de 1942 se ha inspirado evidentemente en una concepción unitaria y no atomística de la misma institución. Concepción unitaria que, indudablemente, está más adaptada a la realidad jurídica y a la voluntad de los sujetos que participan en el negocio de cesión, teniendo presente que dicha voluntad negocial se dirige a realizar una transferencia unitaria a la persona de un nuevo sujeto (cesionario) de toda una orgánica posición contractual (que resulta, en los contratos bilaterales, de una concatenación de elementos activos y pasivos) encarnada antes en la persona de uno de los primitivos contratantes del contrato básico que se transfiere.

Como ya lo hemos notado, se separa, en cambio, de la voluntad negocial antedicha una pretendida disección de los elementos activos y los pasivos de la posición contractual a transferir, para subordinarlos a distintos actos de transferencia, mediante diversos procedimientos negociales.

Se deduce claramente que el legislador del 42 se ha inspirado en una concepción unitaria del siguiente texto de la Exposición de Motivos ministerial (§ 640): «La doctrina ha discutido la unidad fundamental del fenómeno de la circulación del contrato, y ha sostenido que solo es posible una separada transmisión de los elementos activos y de los elementos pasivos del contrato, mediante los instrumentos jurídicos de la cesión de los créditos y la asunción de las deudas. La práctica, extremadamente sensible, ha advertido, en cambio, la inescindibilidad de la transmisión, a la misma persona, de todo el contenido de la relación. Ha hablado de venta del contrato, y, a veces, ha representado tal inescindibilidad mediante la creación de títulos de crédito (los *stabiliti),* cuyo poseedor no puede exigir la prestación sin la contraprestación correlativa por su parte, consistente en la obligación implícitamente asumida con la adquisición del título. El nuevo Código civil *intenta satisfacer las exigencias de tal práctica,* en consideración al hecho de que responde a una función económica importante, cual es la de eliminar complicadas y dispendiosas renovaciones del contrato».

Establecido esto desde un punto de vista general, es oportuno esquematizar ahora —como punto de partida para nuestras indagaciones posteriores— las líneas esenciales de la reciente disciplina positiva de la institución.

a) Según la fórmula legislativa, cada una de las partes puede hacerse sustituir por un tercero en las relaciones derivadas de un contrato con prestaciones recíprocas, *si éstas todavía no han sido cumplidas, y con tal que la otra parte consienta en ello* (art. 1.406).

b) Para el perfeccionamiento del negocio de cesión, además del consentimiento del cedente y del cesionario, es indispensable también el consentimiento del contratante cedido (artículo 1.406: «Con tal que la otra parte consienta en ello»). Tal consentimiento también puede ser dado, eventualmente, en forma previa, en cuyo caso la sustitución del tercero (es decir, del cesionario) es eficaz respecto al cedido desde el momento en que se le ha notificado, o de aquel en que la aceptó (art. 1.407, primer párrafo).

c) Si todos los elementos del contrato a transferir resultan de un documento en que figura la cláusula «a la orden» u otra equivalente, el endoso o giro del documento produce la entrada del giratario en la posición del girante (art. 1.407, párrafo segundo).

d) En las relaciones entre cedente y contratante cedido, el primero queda liberado de sus obligaciones con el segundo desde el momento en que la sustitución se hace eficaz en relación con el mismo cedido. Sin embargo, este último puede declarar que no libera al cedente, en cuyo caso, cuando el cesionario no cumpla las obligaciones asumidas, el cedido puede actuar contra el mismo cedente —con tal que dé cuenta al mismo cedente del incumplimiento del cesionario— dentro de los quince días a partir de aquel en que se ha producido el incumplimiento: y si no cumple por su parte, está obligado al resarcimiento de daños (art. 1.408).

e) A las relaciones entre cedido y cesionario, así como entre cedente y cesionario atienden los artículos 1.409 y 1.410, sobre los que volveremos en seguida con mayor amplitud.

De estas líneas esquemáticas así trazadas surge claramente que en la vigente disciplina legislativa la cesión del contrato puede asumir tres configuraciones fundamentales:

1.a Cesión con liberación completa del cedente en relación con el contratante cedido.

2.a Cesión sin liberación del cedente, cuya responsabilidad vuelve a surgir en caso de que el cesionario no cumpla las obligaciones asumidas.

3.a Cesión mediante giro o endoso de un documento en el que consten todos los elementos del contrato a transferirse, y en el que se haya incluido la cláusula «a la orden», u otra equivalente.

Naturalmente, el problema de la reconstrucción dogmática de la institución no podría ser enfrentado sin tener en cuenta y bien diferenciadas cada una de las tres configuraciones precitadas.

9. La cesión con liberación del cedente: generalidades: contratos cedibles

Al iniciar ahora el estudio de la cesión de contrato con liberación del cedente es preciso recordar una observación hecha ya precedentemente (núm. 1), cuando poníamos de relieve la necesidad de distinguir netamente el contrato a transferir (que llamamos sintéticamente *contrato base*) del negocio propiamente dicho de cesión (que se produce entre el cedente, el cesionario y el contratante cedido): negocio este último que es el instrumento jurídico por cuyo medio se efectúa la transferencia a la persona del cesionario de la posición global contractual originariamente constituida en la persona del cedente.

También, como cuestión previa, interesa recordar aquí cuanto se dijo antes (núm. 1) sobre la identificación de los contratos susceptibles de la cesión que estudiamos, reafirmando que la referencia legislativa mira en *línea directa* a los contratos bilaterales.

Teniendo presente, pues, el contrato bilateral base, la cesión del contrato puede tener lugar tanto por parte de uno como del otro de los primitivos contratantes (por ejemplo, en una compraventa, tanto por parte del comprador como del vendedor): en este sentido se ha hablado de *cedibilidad bilateral* del contrato base. Es presupuesto imprescindible de la cedibilidad del contrato (presupuesto que está aclarado ya en la misma definición legislativa dada por el artículo 1.406), que las prestaciones recíprocamente debidas por las partes no se hayan cumplido todavía: y este no cumplimiento de ambas partes puede ser total o solo parcial. En efecto, es evidente que si dichas prestaciones recíprocas hubieran sido cumplidas íntegramente por los contratantes el contrato resultaría ya implícitamente agotado, y sería una incongruencia suponer su eventual transferencia. Naturalmente, a fines de la cedibilidad, no es necesario que se trate de contratos de ejecución continuada o periódica: puede tratarse también de contratos *a término* (inicial), denominados también de *ejecución diferida,* los cuales, aunque tienen como característica un intervalo cronológico entre la conclusión y la ejecución del contrato, pueden ser, indistintamente, de ejecución continuada o de ejecución periódica.

De la definición legislativa (art. 1.406) podría parecer que la sustitución del cedente por el cesionario esté circunscrita solamente a las relaciones (activas o pasivas) derivadas del contrato transferido. Sin embargo, opinamos, en cambio, como ya observamos a su debido tiempo, que la antedicha sustitución debe entenderse que se produce en *toda la posición contractual* constituida antes en la persona del cedente, y en particular, también, *en el mismo contrato* como título constitutivo y como fuente reguladora de los derechos y las obligaciones adheridas a la precitada posición contractual. Después de la constitución del denominado *efecto genético,* el contrato bilateral incumplido, aun parcial o totalmente, permanece vivo indudablemente como fuente reguladora del posterior desarrollo de la relación contractual, hasta que ésta no quede agotada (lo cual, desde un punto de vista exterior, también es de más clara evidencia en los contratos de ejecución continuada y de ejecución periódica). Ahora bien, la entrada del cesionario en la posición contractual del cedente implica también su sometimiento a la antedicha fuente reguladora de la relación contractual, que vinculará al cesionario, después de perfeccionarse la cesión, de igual modo que antes vinculaba al cedente.

10. Proceso formativo del negocio de cesión

Estudiemos ahora este proceso.

Frente a alguna tentativa doctrinal anterior encaminada a desvalorizar en el esquema negocial la voluntad del contratante cedido, degradándola ilógicamente a elemento de importancia secundaria, del que, acaso, incluso podría haberse prescindido[1], estimamos que el nuevo sistema legislativo re-

---

[1] Así, por ej., Fontana: *ob. cit.,* § 26, pág. 208.
Un reflejo de las tentativas recordadas en el texto puede verse también en Natoli: *Alcuni aspetti della cessione del contratto secondo il nuovo codice civile,* en la *Giurisprudenza completa della Corte Suprema di Cassazione,* vol. 22, t. I, Roma, 1947, págs. 319 y siguientes. El autor parece compartir la tesis, según la cual, cuando el consentimiento del cedido en vez de ser conjunto con el de las otras partes sea previo (artículo 407, § 1.°) o sucesivo, tal consentimiento sería solamente un elemento *externo* al verdadero y propio negocio de cesión (elemento que habrá de calificarse luego de diverso modo según las diversas hipótesis). En nuestra opinión, en cambio, las exigencias de una reconstrucción unitaria de la cesión del contrato, en estrecha adherencia a la que es la realidad jurídica, imponen estimar que el consentimiento del cedido no solo es imprescindible para el perfeccionamiento de la cesión del contrato en todas sus posibles configuraciones, sino además un elemento *constitutivo* interno en la estructura del mismo negocio. También Colagrosso: *ob. cit.,* pág. 316, considera el consentimiento del contratante cedido como un elemento *constitutivo* del negocio de cesión, y observa que la declaración de voluntad del cedido está en el mismo plano que las otras dos (cedente y cesionario), desarrollando una función de importancia primaria.

afirma netamente, para la perfección de la cesión de contrato, la necesidad de una reunión (simultánea o sucesiva) de los consentimientos, imprescindibles todos, del cedente, del cesionario y del contratante cedido. En cuanto a la necesidad del consentimiento de este último el pensamiento legislativo parece inequívoco, especialmente cuando se considera la fórmula final del artículo 1.406 («con tal que la otra parte *haya consentido en ello*»); fórmula que indica, evidentemente, como imprescindible el consentimiento en cuestión en cualquiera configuración de la cesión de contrato, y en particular, tanto si el cedente queda liberado por el contratante cedido, como cuando no lo queda. La necesidad, pues, del consentimiento en cuestión aún se acentúa más en la configuración examinada, caracterizada por la integral liberación del cedente (por los elementos pasivos *ex contractu* transferidos al cesionario), liberación que no sería suponible siquiera si faltara la voluntad del acreedor, es decir, del contratante cedido[2]. La persona del contratante primitivo podría tener para el cedido un valor *esencial,* de tal forma que podría negarse a la propuesta sustitución del sujeto indicado por otro sujeto, que, eventualmente, podría no ofrecer las específicas cualidades de garantía y solvencia ofrecidas por el primero. Si, a pesar de la negativa del contratante cedido, se llegara a un hipotético acuerdo únicamente entre los otros dos sujetos, tal acuerdo sería inevitablemente estéril, porque ei cedido tendría pleno derecho para negarse a la ejecución del contrato por el cesionario, y correlativamente el derecho a negarse a cumplir los propios deberes u obligaciones *(ex contractu)* respecto al cesionario.

---

2 En la todavía escasa jurisprudencia formada sobre la cesión del contrato después de entrar en vigor el nuevo Código, es interesante la sentencia en casación de 8 de agosto de 1946, *Repertorio Foro Italiano,* 1946, col. 736, nn. 105, 106, según la cual: «La cesión del contrato tiende a hacer posible su circulación en su complejo unitario constituido por derechos y obligaciones del cedente, es decir, para hacer que entre un sujeto extraño a uno de los contratantes primitivos. El consentimiento, *incluso tácito,* del contratante cedido libera al cedente gracias a la substitución en su idéntica posición por el cesionario.»

Sobre la posibilidad de tal consentimiento, incluso tácito, cfr. COLAGROSSO: *ob. cit.,* pág. 316. MESSINEO: *Manuale di diritto civile e commerciale,* Milán, 1947, II, pág. 521, que observa la necesidad del *asentimiento* expreso o tácito del contratante cedido.

Nos parece, sin embargo, exacta la observación de NATOLI: *ob. cit.,* pág. 327, que destaca que no pueden generalizarse a todos los casos la posibilidad de que el consentimiento del cedido sea también tácito. Si tal consentimiento —observa este autor— representa un elemento constitutivo del negocio de cesión, necesariamente debe producirse en la forma eventualmente exigida para la validez del mismo negocio. Para la cesión, por ejemplo, de un contrato de compraventa de inmuebles, sería necesario el documento escrito (artículo 1.350), y, por tanto, también el consentimiento del cedido debería revestir esa forma.

Por nuestra parte, destacamos que una expresa confirmación legislativa de tal principio puede verse en el artículo 378, § 2 del Código de la naveg., que extiende a la cesión del contrato de arriendo de la nave la forma dispuesta (por el artículo 377) para ese mismo contrato de arriendo (ver más adelante, n. 26).

Las consideraciones precedentes explican también las razones por las cuales no nos parece feliz aquella concepción doctrinal, según la cual el negocio de cesión de contrato se produciría entre el cedente y el cesionario, mientras que el consentimiento del contratante cedido solo sería una *conditio iuris* y no un elemento constitutivo del negocio de cesión. En nuestra opinión, esa configuración deja injustamente en la penumbra y, en todo caso, no pone por completo de relieve, del modo necesario, la imprescindible cooperación del contratante cedido al perfeccionamiento del negocio de cesión: teniendo presente que en el proceso formativo y en la dinámica del mismo negocio, la voluntad del cedido no es ya un elemento inerte, pasivamente expuesto a las iniciativas y a las decisiones del cedente y del cesionario, sino que, por el contrario, es un factor de primer plano, que puede, con su disentimiento, paralizar radicalmente los efectos de los eventuales proyectos de cesión que se supone, por hipótesis, preordenados entre cedente y cesionario, que puede proponer eventuales modificaciones a las condiciones de la cesión (cuando no se llegue a un equitativo equilibrio de los diversos intereses, aceptable para las tres esferas patrimoniales interesadas), y que puede, en fin, liberar o no liberar al cedente de las obligaciones *ex contractu* que gravan a este último respecto al mismo cedido.

Por tanto, el conocimiento del cedido, unido al del cedente y al del cesionario, afecta, en nuestra opinión, a los requisitos de existencia del negocio de cesión del contrato: si faltase, el negocio como tal (con referencia particular a los reflejos en las tres esferas patrimoniales interesadas) sería jurídicamente inexistente. A los fines del perfeccionamiento del negocio indicado debe destacarse, más bien, en nuestra opinión, que las tres declaraciones de voluntad de las partes son *inter dependiente a* entre sí, en el sentido de que cada una de ellas es eficaz únicamente en cuanto que es eficaz cada una de las otras[3].

Por otra parte, no debe llevarnos a error la consideración de que en una particular figura de cesión de contrato —la contemplada por el artículo 1.407, párrafo primero— el negocio de cesión se perfecciona mediante la notificación de la cesión hecha al contratante cedido por los otros dos sujetos: mientras que en otra figura (art. 1.407, párrafo segundo) la cesión de contrato se perfecciona también prescindiendo de la notificación en cuestión, en virtud

[3] En relación con las consideraciones expuestas en el texto nos adherimos a cuanto ha observado recientemente en esta materia VITALE: *Note in margine all'art.* 2.558 *Cod. civ. (sucessione nei contratti per l'execizio dell'azienda)*, en el *Foro Italiano,* 1948, notas 3-4, pág. 173. Según este autor no parece fundada la tendencia a desvalorizar el requisito del consentimiento del cedido, haciendo de él solamente un presupuesto para la liberación del cedente. Se opone a ello —nota el autor— el explícito texto del artículo 1.408 del Código civil que en su § 2 prevé que el cedido pueda consentir en la cesión sin liberar ai cedente; lo cual demuestra que el consentimiento del cedido tiene el doble efecto de *consentir en la sustitución y* de liberar al cedente.

del giro o endoso del documento contractual en el que se haya incluido la cláusula «a la orden», u otra equivalente (art. 1.407, párrafo segundo). Debe tenerse en cuenta, en efecto, que en el caso concreto de que habla el párrafo primero de dicho artículo, el imprescindible consentimiento del contratante cedido a la cesión del contrato *ya ha sido dado previamente*, de forma que las dos voluntades acordadas del cedente y del cesionario vienen a combinarse en un segundo momento con el consentimiento previamente dado; y en el supuesto del párrafo segundo del mismo artículo, el *previo consentimiento* del cedido a la circulación del contrato por medio del giro o endoso, *ya está implícito* en el hecho de haber incluido todos los elementos del contrato en un documento en el que se ha incluido la cláusula «a la orden», u otra equivalente, que autoriza precisamente, de modo inequívoco, la circulación indicada por medio del simple giro o endoso. Pero sobre estas figuras ya volveremos con mayor detenimiento en su momento oportuno: basta aquí haber puesto de relieve que el consentimiento del cedido es, en toda configuración, imprescindible, y en el proceso formativo del negocio de cesión reviste una importancia de primera plano.

Examinemos ahora más de cerca, con especial referencia a la cesión de contrato con liberación del cedente, las modalidades según las cuales pueden ser emitidos en concreto los tres consentimientos, del cedente, del cesionario y del cedido.

Frecuentemente la iniciativa y el impulso inicial partirán del cedente y del cesionario, que después de haber acordado entre sí las condiciones de la cesión de contrato, solicitarán el consentimiento del contratante cedido al proyecto de cesión laborado por ellos. El cedido, entre otras cosas, también deberá liberar al cedente de sus obligaciones *ex contractu* para con él, aceptando a todos los efectos, como nuevo obligado, al cesionario. Si el cedido consiente en el proyecto de cesión que se le presenta, la aportación de su voluntad al proceso formativo del negocio se producirá en un segundo momento, y vendrá a combinarse con el consentimiento del cedente y del cesionario ya preexistentes cronológicamente.

Puede suceder, empero, que el impulso inicial de poner en circulación el contrato parta, precisamente, al menos potencialmente, del contratante cedido, en cuanto que, como se ha observado hace poco, había consentido *previamente* en que su contraparte (del contrato base) coloque a un tercero (cesionario) en la compleja posición contractual de la misma contraparte (art. 1.407, párrafo primero).

En esta hipótesis la sustitución del cesionario en la posición tractual del cedente adquiere eficacia en relación con el contratante cedido desde el momento en que le ha sido notificada a éste, o en que el cedido la aceptó[4]. Tanto

[4] La posibilidad, legislativamente considerada, de tal consentimiento previo del contratante cedido debe ponerse en relación con una tendencia de la práctica encamina-

en la primera como en la segunda hipótesis, estamos en presencia, evidentemente, de una *formación progresiva* o *sucesiva* del negocio de cesión, caracterizada precisamente por una secuencia cronológica entre las tres declaraciones de voluntad negocial, necesarias para el perfeccionamiento del mismo negocio. Pero, en concreto, también es posible una formación *simultánea* o *contestual* del negocio de cesión, cuando el cedente, el cesionario y el cedido manifiestan en el mismo acto sus respectivas voluntades: es decir, en el sentido de que el cesionario viene a ocupar globalmente la posición contractual del cedente, mientras que el cedido, al aceptar tal sustitución, libera al cedente, a todos los efectos, de sus obligaciones *ex contractu,* en las que le sustituye el cesionario.

En la hipótesis de formación simultánea, y en la sucesiva pero sin consentimiento previo del cedido a la circulación, a falta de particulares requisitos formales exigidos por la ley, deberá estimarse que rige para el negocio de cesión del contrato el principio de la libertad de forma[5]. Consideraciones evidentes sugerirán, sin embargo, en la práctica, la redacción por escrito, para facilitar la interpretación del negocio en cuestión, y para la misma certeza de las relaciones negociales; certeza muy problemática si cada cláusula, en vez de quedar fijada por escrito, se deja confiada a la inestable y discorde memoria de las partes o de los terceros.

En cambio, en la hipótesis específica de la formación progresiva señalada con el consentimiento previo del cedido, la misma ley (art. 1.407) exi-

---

da —en algunos sectores comerciales— a conformar el contrato básico de modo que sea indiferente, y, por tanto, fungible, la persona de quien pretenda hacerlo; finalidad ésta que se alcanza frecuentemente mediante unas arras que el citado cedente entrega al contratante cedido para garantizarle adecuadamente contra los riesgos de un eventual incumplimiento del cesionario. Sobre la entrega de tales arras nos remitimos a cuanto se dirá más adelante (n. 23) a propósito de los *stabiliti.* En virtud de tal garantía no es difícil obtener del contratante cedido su previo consentimiento a la cesión, que una vez otorgado es suficiente para las cesiones a que se someta el contrato base. Cfr. a este propósito, Ferrara (hijo): *Per una disciplina legislativa...* ya cit. *loc. cit.,* pág. 108. Naturalmente, apenas es necesario destacar que la indiferencia y la fungibilidad de la persona del cedente alcanzan la máxima expresión en la figura prevista por el artículo 1.407, § 2, en la que el endoso del documento contractual produce la sustitución del endosatario en la del endosante, independientemente de la obligación de notificarla al contratante cedido, es decir, independientemente del conocimiento que tenga este último de la sustitución en cuestión y de la persona del cesionario (ver más adelante, n. 21).

[5] Pero, como ya hemos destacado, si se trata de ceder un contrato para el que la ley prescribe una forma determinada, puesto que se trata de hacer que ingrese en el mismo contrato un nuevo sujeto, opinamos que también deba aplicarse al procedimiento negocial que realiza tal sustitución de sujetos la forma requerida para el contrato a transferir. En igual sentido también Natoli: *ob. cit.,* página 327.
Puede verse una expresa confirmación legislativa de tal principio, como ya lo hemos notado, en el artículo 378, § 2, del Cód. de la naveg., según indicamos en la nota 2 (ver más adelante n. 26).

ge para el perfeccionamiento del negocio el requisito de la *notificación* al cedido[6], o el de su *aceptación.* Al reflexionar sobre esta última nótese, en particular, que el acto de aceptación, según la norma precitada, resulta desvinculado de formalidades especiales; por tanto, al no ser necesaria la forma de documento público, la aceptación en cuestión podrá resultar válida de una escritura privada. En esta última hipótesis, sin embargo, puesto que la cesión, según la fórmula legislativa, es eficaz respecto al cedido «desde el momento en que la ha aceptado», deberá procederse al inmediato registro de dicha escritura privada de aceptación, para que ésta pueda tener una *fecha cierta* (lo que tiene también particular importancia en relación con los terceros).

No debe excluirse, además, que el mismo contrato haya sido objeto, por parte del mismo cedente, de más cesiones a personas diferentes: en este caso y por analogía con cuanto dispone el artículo 1.265 para la cesión de los créditos, estimamos que prevalece la cesión notificada antes al contratante cedido, o aquélla que haya sido aceptada antes por éste con documento de fecha cierta, aunque esa fecha sea posterior a otras.

Concluimos este número destacando que, superando alguna resistencia doctrinal opuesta en el pasado, el legislador de 1942, oportunamente, ha admitido de modo expreso la posibilidad de que una de las partes del contrato base pueda dar su consentimiento previo a la circulación del contrato. Se ha observado justamente, en efecto, que en estos casos de consentid miento previo la institución presenta una mayor agilidad y mayor adaptabilidad a las necesidades de la práctica, en cuanto que por llevar consigo la relación contractual la aptitud para circular, la circulación se desarrolla después con gran seguridad y rapidez, alcanzando cada una de las cesiones plenitud de efectos a través del cumplimiento de formalidades más o menos simples, establecidas por la ley[7].

---

6 En el *Commentario del codice civile. Le obligazioni. I contratti* (a cargo de D'AMELIO y FINZI), Florencia, 1948, pág. 588, comentando el artículo 1.407, observa Giovene, en particular, que no se puede pensar que en materia de cesión de contrato haya querido el legislador, en cuanto a la notificación, ser más riguroso que en materia de cesión de créditos. Si el artículo 1.264, § 2 admite, para la cesión de créditos, la posibilidad de un equivalente a la notificación, sería absurdo —dice este autor— imaginar que no sean posibles esos mismos equivalentes en la cesión de contrato. Por tanto, también en ésta, en relación con el cedido, bastará una comunicación, aunque no realizada en forma legal, o sea como se acostumbra en el comercio, por medio de carta certificada, ya que esto basta para proporcionar aquel conocimiento de que habla el art. 1.264, § 2.
Por nuestra parte, opinamos que las razones propuestas por ese autor en favor de la antedicha solución son atendibles y pueden avalarse con un detalle posterior: el consentimiento previo a la circulación del contrato demuestra que para el contratante cedido es sustancialmente indiferente y fungible la persona de quien sustituye al cedente.

7 Cfr. VALERI: *Manuale di diritto commerciale,* Florencia, 1946, volumen II, pág. 78.

11. Efectos del negocio de cesión en la dirección cedente-cesionario

Se trata de examinar ahora los efectos de la cesión del contrato en las tres directrices negociales, y, ante todo, en las relaciones entre cedente y cesionario. En esta dirección los efectos se concretan en la entrada del cesionario en la posición contractual del cedente, y, por tanto, en la totalidad de los derechos y obligaciones adheridos a la posición contractual en cuestión. Por tanto, a continuación del perfeccionamiento del negocio de cesión, solo el cesionario podrá pretender que se cumpla el contrato por el cedido; y en el caso de incumplimiento por éste, solo el cesionario podrá obrar contra el incumplidor para lograr que se cumpla o se resuelva el contrato (y para el resarcimiento de daños), por los modos que examinaremos en breve (núm. 12).

En relación siempre con esa substitución de personas, si el contrato base debiera ser anulable, por ejemplo, a consecuencia de eventuales vicios de consentimiento por parte del cedente, debería estimarse que es el cesionario quien puede ejercer la acción de anulación.

El cedente está obligado a garantizar al cesionario la *validez* del contrato (art. 1.410); garantía de derecho, e independiente de cualquier pacto al objeto. La garantía del cedente comprende aquí tanto la válida existencia del contrato (por deducción del art. 1.266), como la efectiva *disponibilidad* por parte suya del mismo contrato; es decir, en el sentido de que el cedente sea el verdadero y actual titular del contrato, y no lo haya cedido ya a otros.

Empero, la garantía del cedente no se extiende, también, de derecho, al cumplimiento, a la solvencia efectiva del contratante cedido, y, por consiguiente, al buen éxito del contrato transferido. Debe destacarse aquí, por tanto, una de las diferencias prácticas más salientes entre cesión de contrato y reventa de mercancías[8]. Puesto que el riesgo de la inejecución por parte del contratante cedido pesa sobre el cesionario, puede preguntarse qué ventaja puede tener éste en adherirse al negocio de cesión. Aparte la confianza en la probidad y en la solvencia del contratante cedido, la conveniencia en cuestión puede estar dada por la eventualidad de que la prestación contractual a que el cesionario queda obligado (al entrar en la posición del cedente), dadas sus particulares condiciones personales, u otras circunstancias de la más variada naturaleza, presente para el mismo cesionario una menor onerosidad económica que la que esa misma prestación podría suponer para el cedente, de forma que, de rechazo, la contraprestación debida por el contratante cedido pueda procurar al cesionario una ventaja económica notablemente superior a la que habría supuesto para el cedente.

[8] Sobre la reventa de mercancía, véase en efecto cuanto ya se ha observado al final del n. 3.

Supóngase, por dar un ejemplo, que un comprador –ignorando la posibilidad de aprovisionarse de modo más económico en una zona próxima a su domicilio– haya adquirido, a un determinado precio y con los gastos de transporte a cargo expreso del vendedor, una dada cantidad de madera, y que dicho vendedor, teniendo esa mercancía en una zona mucho más lejana, haya tenido que computar en el precio fijado grandes gastos de transporte. Supongamos que la estipulación de tal contrato llega a conocimiento de un tercero que, por hipótesis, tenga a su inmediata disposición la misma madera y en la misma zona donde reside el comprador. Puede ser ventajoso para ese tercero en cuestión (cesionario) hacerse ceder por los supuestos vendedor (cedente) y comprador (contratante cedido; el contrato de compraventa indicado, porque dicho cesionario, a consecuencia de la cesión, percibirá del contratante cedido el mismo precio que habría percibido el cedente, pero realizará un provecho económico mucho mayor que el que habría percibido éste por estar en condiciones de ahorrarse los grandes gastos de transporte que debía satisfacer dicho cedente[9].

Aun cuando no esté obligado a ello *de iure,* el cedente puede asumir *voluntariamente* la garantía del cumplimiento del contrato por parte del contratante cedido como un fiador (artículo 1.410), es decir, solidaria e incondicionalmente, pero por la suma principal, los accesorios y los gastos (arts. 1.410, 1.942 y 1.944, párrafo primero).

De todas estas consideraciones se deduce que a falta de una adecuada garantía (voluntaria) del cumplimiento del contrato base, el cedente tiene derecho a obtener del cesionario el precio establecido para la cesión, incluso si eventualmente llegara a faltar el cumplimiento por parte del cedido[10]. Naturalmente, el cedente deberá entregar al cesionario el documento en que consta el contrato transferido, unido en su caso a los eventuales títulos y documentos accesorios. No queda excluida la posibilidad de que el cesionario pueda encontrar una disconformidad *substancial* entre el contrato cedido (según las cláusulas que le había comunicado el cedente) y el contrato efectivamente consignado en los documentos precitados. El cesionario estará entonces autorizado para pedir la resolución de la cesión y el consiguiente resarcimiento de daños[11].

---

9 Mirando a las cesiones de contrato conexas al comercio de exportación, ya en su tiempo RAMELLA: *ob. cit.,* pág. 29, observaba que la conveniencia para el cesionario de estipular el negocio de cesión estaba dada por el hecho de que el precio de la mercancía debido al exportador extranjero (contratante cedido) por el cesionario (colocado en la posición contractual del primitivo comprador- importador) resulte notablemente inferior al precio corriente de la mercancía en la plaza de destino, permitiendo, de tal forma, una cierta ganancia al citado cesionario.

10 Cfr. PULEO: *ob. cit.,* pag. 82; así como MOSSA: *Vendita di contratto...,* ya cit. n. 6. HORWITZ: *Herfahrungen und Zweifelsfragen im Bezug auf Kontraktverkäufe,* cit. pag. 888.

11 Cfr. PULEO; *ob. cit.,* pag. 82; así corno MOSSA: *ob. cit.,* n. 6. HORWITZ: *ob. cit.,* pag. 891.

12. Efectos en la dirección cedente-contratante cedido

En las relaciones entre cedente y contratante cedido, los efectos que se producen son de una gran claridad como consecuencia del principio de que, al entrar el cesionario en la posición contractual del cedente, éste último queda fuera del contrato base y de toda relación que del mismo se derive. A este respecto debe destacarse aquí la neta separación respecto a las reglas sobre la asunción de deuda (art. 1.273 segundo párrafo), en el sentido de que el perfeccionamiento de la cesión de contrato (tanto si el consentimiento del cedido ha sido prestado previamente como simultáneamente o sucesivamente al del cedente y cesionario), y ante el silencio de las partes, supone automáticamente y sin más, la liberación del cedente de sus obligaciones del contrato base hacia el cedido, desde el momento en que la sustitución del cedente por el cesionario se hace eficaz en relación con el contratante cedido[12].

Mientras en materia de aceptación de deuda la adhesión del acreedor solo supone la liberación del deudor primitivo en virtud de la condición expresa de la estipulación, o de la declaración expresa del mismo acreedor (art. 1.273 segundo párrafo), aquí, en materia de cesión de contrato, la liberación del cedente —en relación con la exigencia de la *integral* sustitución del cesionario en la posición original contractual del mismo cedente está configurada legislativamente como un *naturals negatii* que se verifica automáticamente a falta de una declaración negocial distinta: por el contrario, la expresa reserva de no liberar, formulada por el cedido, es necesaria solo al efecto contrario al que se deduciría de aquel *naturale negatii,* es decir, al efecto de mantener vinculado respecto al cedido no solo al cesionario, sino también al cedente, según las modalidades que se examinarán a continuación.

Naturalmente, el perfeccionamiento de la cesión de contrato, así como lleva consigo la liberación del cedente en sus obligaciones *(ex contractu)* para con el cedido, por la sustitución del cesionario en las mismas obligaciones, también lleva consigo, además, una sustitución del cesionario al cedente en los derechos *ex contractu* que correspondían originalmente al cedente contra el cedido, y una consiguiente liberación de este último en relación con el cedente. De esta forma, como es evidente, la cesión de contrato atiende, expedita y conjuntamente, a la exigencia de la integral sustitución de un nuevo sujeto en la posición contractual de uno de los primitivos contratantes, manifestándose así como un ágil instrumento para la circulación del contrato.

En fin, en la hipótesis de que las obligaciones (básicas) de las que queda liberado el cedente hubieran estado acompañadas, desde antes de la cesión, por determinadas garantías personales o reales, también encontrará aplica-

---

[12] Cfr. la ya citada sentencia en casación 8 de agosto de 1946, *loc. cit.,* col. 736, n. 105. Recordamos a este propósito las consideraciones hechas antes en el n. 10, nota.

ción en esta materia el principio establecido por el artículo 1.275: consiguientemente dichas garantías se extinguirán si aquel que las ha prestado (primitivo deudor, cedente o un tercero) no consiente *expresamente en mantenerlas.* También *in subiecta materia* (en la que, como a su tiempo manifestamos, hay una sucesión a título particular *inter vivos* en la totalidad de las *deudas* y de los créditos correspondientes a una determinada posición contractual) vuelve a ser aplicable la orientación seguida por el nuevo legislador, según la cual cuando el acreedor (contratante cedido) acepta un nuevo deudor (cesionario) y libera al antiguo (cedente) no se puede constreñir a este último (si ha prestado una garantía específica), y menos aún a un tercero (fideiusor, garantizador con hipoteca o con prenda). a responder por el nuevo deudor, a menos que tales sujetos consientan *expresamente* en mantener esa garantía en cuestión, aun después de haberse producido la sustitución del antiguo deudor por el nuevo (Exposición de Motivos ministerial: § 584).

13. Efectos en la dirección cesionario-contratante cedido

Al examinar ahora las relaciones entre cesionario y cedido es necesario destacar que todas ellas son consecuencia de un presupuesto fundamental: el de que por el perfeccionamiento del negocio de cesión los sujetos antedichos han asumido la condición de partes del contrato base, del que queda excluido, en cambio, el cedente. Por tanto, a consecuencia de la cesión, al mismo tiempo que el cedido deberá cumplir el contrato base en relación exclusivamente con el cesionario, tendrá derecho a que este último ejecute el contrato también en relación exclusiva con el mismo cedido (presuponiéndose necesariamente que el contrato base todavía esté incumplido en todo o en parte por ambos lados): como es obvio, un eventual cumplimiento en relación con el cedente no podría ser liberatorio.

En materia de ejecución del contrato base es principio fundamental el considerado en el artículo 1.409 (pero que en su formulación literal tiene el defecto de enunciar el mismo principio únicamente en relación con el cedido, cuando tal principio vale también para el cesionario en sus relaciones con el primero). El principio es que cada una de las partes actuales (es decir, después de haberse perfeccionado la cesión) puede oponer a la otra todas las excepciones derivadas del contrato cedido (en particular la *exceptio inadimpleti contractus),* pero no aquellas fundadas sobre otras relaciones con el cedente, extrañas al contrato citado, a no ser que la parte interesada hubiera hecho expresa reserva en el momento en que consintió en la cesión. Así, por ejemplo, el cedido no podría oponer al cesionario la excepción de compensación entre la deuda dependiente del contrato cedido y un crédito que tenga él contra el cedente, a causa, por ejemplo, de un mutuo concedido antes a este último; distinto sería el caso, en cambio, en la hipótesis de una expresa reserva hecha por el cedido en el acto de dar su consentimiento a la cesión del contrato base.

Cuando el cedido respecto al cesionario, o éste respecto a aquél, incumplen las propias obligaciones contractuales, la parte contraria interesada, que no sea a su vez incumplidora de las suyas, podrá seguir uno de los siguientes caminos:

a) Negarse a cumplirlas por su parte, oponiendo la *exceptio inadimpleti contractus* (art. 1.460).

b) Pedir el cumplimiento o la resolución judicial del contrato base, quedando a salvo en todo caso el resarcimiento de daños (art. 1.453).

c) Exigir a la parte incumplidora que cumpla dentro de un tiempo congruente, con declaración de que pasado dicho tiempo se entenderá resuelto de derecho y sin más el contrato (art. 1.454), con las respectivas consecuencias patrimoniales a cargo del mismo incumplidor[13]. Si en el contrato base, y antes de la cesión, figurara una cláusula resolutiva expresa para el caso de que una determinada obligación no fuera cumplida, según las modalidades establecidas, la parte interesada podrá invocar la resolución de derecho del contrato, declarando al incumplidor que pretende valerse de la cláusula resolutiva (artículo 1.456), con las respectivas consecuencias patrimoniales a cargo, como siempre, de este último.

En fin, si el contrato se hiciera anulable después de la cesión, a consecuencia, por ejemplo, de eventuales vicios de consentimiento por parte del cedente, debería estimarse que el cesionario, que ha entrado a ocupar la posición contractual del cedente es quien puede ejercer la oportuna acción de anulación.

14. La relación subyacente entre cedente y cesionario

Examinados los efectos típicos de la cesión de contrato en las tres direcciones negociales, es preciso destacar, además, que en las relaciones internas entre cedente y cesionario la transferencia del contrato base puede haber sido acordada a título oneroso (como es lo más frecuente) o también a título gratuito (en cuanto que el cesionario, aunque viniendo a ocupar el puesto del cedente en el contrato base y en las utilidades que del mismo contrato pudieran derivarse, no esté obligado a ninguna contraprestación respecto al cedente mismo).

Según los diversos pactos establecidos entre cedente y cesionario en la infinita variedad de las especies o casos concretos, será sumamente variado cada vez el negocio interno (venta, donación, etc.) que con el perfeccionamiento de la cesión de contrato verdaderamente dicha vendrá a constituirse al mismo tiempo (aunque sea en un plano diverso) en las exclusivas relaciones

[13] Recordamos lo dicho en el n. 4, nota, sobre la posibilidad para el intimado de ejercer una eventual oposición contra la intimación, oposición que dará lugar a un normal juicio contradictorio.

internas sobre cedente y cesionario. Sin embargo, se trata de una relación negocial *subyacente* al negocio propiamente dicho de cesión del contrato base: relación diferente que no incide sobre la estructura esencial del verdadero negocio de cesión (que se establece entre sujetos), en cuanto que esta relación solamente interesa a las relaciones internas entre ceden- te y cesionario.

15. La cesión del contrato como contrato plurilateral con tres partes

Al examinar antes (n. 7) los resultados de la doctrina anterior, formada bajo la vigencia del Código de 1865, ya tuvimos oportunidad de observar que aquella doctrina, aunque, en contra de las inadecuadas construcciones atomísticas, había llegado a concretar una unidad estructural del negocio de cesión del contrato, no había empero llegado a una completa y satisfactoria construcción dogmática del mismo negocio.

Se trata ahora de reanudar y desarrollar esas investigaciones, teniendo en cuenta, naturalmente, las nuevas bases legislativas de hoy. Y, ante todo, una observación preliminar: en la constitución del negocio participan tres *partes* en sentido técnico, como distintos centros de intereses, a saber, el cedente, el cesionario y el contratante cedido.

Como ya se sabe, en función del criterio distintivo proporcionado por el número de las *partes,* suelen distinguirse los negocios en unilaterales, bilaterales o plurilaterales, según que el negocio conste de las manifestaciones de voluntad de una, de dos o de más partes[14]. Detalle fundamental, a los fines de la investigación que aquí realizamos, es que la vigente disciplina legislativa ha identificado el contrato con el negocio patrimonial con dos o más partes (aunque se realice para conseguir un fin común a las mismas partes): razón por la cual, siempre dentro del vigente derecho positivo, la amplia categoría del contrato plurilateral (única mencionada por la ley, que ignora el *negocio* plurilateral) viene a abarcar todos los negocios plurilaterales, al menos aquellos de contenido patrimonial[15].

La identificación legislativa del negocio patrimonial con dos o más partes y el contrato debe estimarse que se da tanto en la hipótesis de que las

---

[14] Se habla, ya se entiende, de *partes* en sentido técnico, y no de *personas,* en cuanto que es preciso considerar las voluntades como expresiones de un centro de intereses. Téngase presente que cada manifestación de voluntad puede emanar de una o varias personas físicas, y constituir, por tanto, acto subjetivamente simple o unipersonal, o bien acto subjetivamente complejo o pluripersonal. Cfr. CARIOTA-FERRARA: *Il negozio giuridico nel diritto privato italiano,* Nápoles, 1946, págs. 171 y sigs., así como la bibliografía allí citada.

[15] Cfr. SANTORO-PASSARELLI: *Istituzioni di diritti civile,* Nàpoles, 1945, voi. I, págs. 145 y sigs. CARIOTA-FERRARA: *ob. cit.,* pág. 175. RUGGIERO-MAROI: *Istituzioni di diritto privato,* 6.ª ed., Milán, 1947, vol. II, pág. 152, DE SEMO: *Istituzioni di diritto privato,* Florencia, 1946, pág. 178. Para un interés mayor, sobre todo de aspecto retrospectivo y de Derecho comparado, véase también el estudio de ASCARELLI: *Il contratto plurilaterale,* reproducido ahora en *Saggi giuridici,* Milán, 1949, págs. 259 y sigs. Trabajo realizado —como advierte el

dichas partes dirijan sus manifestaciones de voluntad a la composición de intereses *contrapuestos* entre sí, como en el caso de que la dirijan a la realización de intereses paralelos o convergentes para el logro de un fin común: con la consecuencia de que debe estimarse aplicable *directamente* a todos estos negocios la disciplina general de los contratos (art. 1.323), sin la limitación de la compatibilidad, establecida, en cambio, para los negocios unilaterales patrimoniales *inter vivos* (art. 1.324). Se sigue de esto, por tanto, según la opinión que estimo más atendible[16], que al menos en el campo de nuestro derecho privado ha sido superado legislativamente y no tiene ya una concreta importancia la conocida distinción dogmática entre *contrato* y *acuerdo* en sentido estricto: lo cual brota, por lo demás, también de la misma definición legislativa del contrato, como el *acuerdo* entre dos o más partes (art. 1.321).

Ya se sabe que la distinción dogmática indicada considera *contrato* el negocio que resuelve y compone un conflicto de intereses contrapuestos entre sí, mientras que califica de *acuerdo* en sentido estricto el negocio que da satisfacción a intereses convergentes a un fin común. Ahora bien, en relación con la precitada identificación legislativa (del negocio patrimonial con dos o más partes y el contrato) se ha observado justamente que, sin duda, existen también en el derecho privado patrimonial junto a negocios en que *solamente* se encuentran y se componen intereses contrapuestos, otros negocios que miran, *además*, a conseguir un fin común a las partes (hipótesis textualmente prevista por la norma general del art. 1.420); pero, se ha añadido, también en estos últimos negocios estima la ley decisivo el peso de la combinación de los intereses contrapuestos, y por eso los considera y define como contratos: cae, por tanto, por tierra toda razón de autonomía respecto al acuerda de derecho privado, y todos los negocios con varias partes entran no solo terminológicamente, sino sustancialmente, en la figura general del contrato[17].

Las consideraciones desarrolladas hasta este momento establecen, evidentemente, las premisas necesarias y suficientes para encuadrar el negocio de cesión del contrato dentro de la amplia categoría legislativa del contrato plurilateral, en cuanto que, como ya hemos destacado, el negocio indicado se perfecciona con el concurso de tres partes, exponente, cada una de ellas, de un centro autónomo de intereses[18].

---

autor— sin tener presente de modo preferente el derecho y la doctrina italiana, y pasando por alto, necesariamente, la literatura europea posterior a 1938. De este mismo autor véase también *Contratto plurilaterale e totalizzatore,* en la *Riv. dir. comm.,* 1949, I, págs. 169 y siguientes.

16 SANTORO-PASSARELLI: *ob. cit.,* págs. 145 y sigs. STOLFI: *Teoria del negozio giuridico,* Padua, 1947, pág. 41, nt. 2. DE SEMO: *ob. cit.,* página 178.

17 SANTORO-PASSARELLI: *ob. cit.,* pág. 146.

18 NATOLI: *ob. cit.,* págs. 323 y sigs. En la hipótesis de que vayan unidos los tres consentimientos (del cedente, del cesionario y del cedido) opina que dos son los *momentos* de la

Si después de esto quisiera ser examinado el problema de la naturaleza jurídica del negocio de cesión bajo el aspecto retrospectivo de la recordada distinción dogmática entre contrato y acuerdo en sentido estricto, aparte de cuanto se ha expuesto sobre la reciente superación legislativa de dicha distinción en el campo del Derecho privado, debería llegarse a la conclusión —en mi opinión— de la subsunción del negocio de cesión en la categoría del contrato (y no en la del acuerdo) por la indiscutible contraposición de intereses existente entre cedente, cesionario y contratante cedido.

---

cesión del contrato: a) *el negocio* —según se expresa el autor— *que tiene «por objeto la cesión de la relación contractual,* que se refiere exclusivamente al cedente y al cesionario, y puede representar una venta, una donación o cualquiera otra figura de enajenación de las utilidades derivadas de la relación contractual; b) *el negocio a través del cual se efectúa la misma cesión,* o negocio de cesión en sentido estricto. Los dos negocios estarían conexos en el sentido de que la eficacia del primero está subordinada a la existencia del segundo.

Pero de esta forma, en nuestra opinión, se viene a complicar, sin razón ni necesidad, y a hacer más pesada la lineal estructura de esta institución. Para realizar la circulación del contrato y la entrada del cesionario en la posición contractual del cedente, el único negocio *necesario y suficiente,* en la infinita variedad de las especies concretas, es el indicado en la letra *b*), en cuyo mecanismo no va insertado precisamente el negocio indicado en la letra *a).* Este último, propiamente, es una relación distinta del verdadero y propio procedimiento negocial de cesión del contrato, es una relación subordinada, extremadamente variada en los casos concretos singulares (venta, donación, etc.), y que interesa solamente a las relaciones internas entre el cedente y el cesionario. Puesto que tal relación está debajo y es extremadamente variable de un caso a otro, sin incidir sobre la estructura del procedimiento negocial que realiza la circulación (de tal modo que uno de los tres sujetos de tal procedimiento puede incluso ignorar, en hipótesis, los detalles específicos de aquella relación), parece ilógico e injustificado configurar la relación en cuestión como un *momento subsistente por sí* de la cesión del contrato. Cualesquiera que sean las razones internas por las que cedente y cesionario se deciden a estipular, el procedimiento constantemente idóneo para realizar la circulación (en virtud del encuentro de los tres consentimientos) solo es y exclusivamente el contrato plurilateral, según los criterios formulados en el texto.

CAPÍTULO III

LA CESION SIN LIBERACION DEL CEDENTE

SUMARIO.— 16. Líneas generales: proceso formativo.— 17. Efectos en la dirección cedente-contratante cedido.— 18. Efectos en la dirección cedente-cesionario.— 19. Efectos en la dirección cedido-cesionario. 20. — La cesión de contrato sin liberación del cedente como contrato plurilateral.

16. Líneas generales: Proceso formativo

La liberación del cedente de sus obligaciones básicas en relación con el contratante cedido no es un efecto imprescindiblemente *necesario* de la cesión de contrato, puesto que la ley admite también la posibilidad de que el cedente permanezca como antes vinculado a las obligaciones de referencia cuando el contratante cedido declare que no le libera de ellas en el momento de dar su consentimiento a la cesión[1]. En esta hipótesis el contratante cedido puede obrar contra el cedente cuando el cesionario no cumpla las obligaciones asumidas (art. 1.408, párrafo segundo); sin embargo, el contratante cedido debe notificar al cedente el incumplimiento del cesionario dentro de los quince días desde aquel en que se ha producido el incumplimiento, y si no lo hace así está obligado al resarcimiento de daños (art. 1.408, párrafo tercero).

Haremos unas breves consideraciones previas sobre el proceso formativo de esta figura especial de cesión. También aquí, como preliminares, deben repetirse consideraciones análogas a las hechas anteriormente (n. 10), en la cesión con liberación, sobre la necesidad de una reunión (simultánea o sucesiva) de los tres consentimientos, imprescindibles todos, del cedente, del cesionario y del contratante cedido. El consentimiento de este último para la trans-

---

[1] La configuración examinada presenta una indudable analogía con la figura del *Vertragsbeitritt* de la doctrina alemana, según la cual entra en el contrato un nuevo sujeto *al lado* del cedente, adquiriendo los respectivos derechos y las respectivas obligaciones *(ex contráctil)*, pero sin que el citado cedente quede liberado de sus obligaciones para con el contratante cedido. Véanse a este propósito ENNECCERUS-LEHMANN: *ob. cit.*, pág. 318, los cuales, siguiendo también aquí una concepción atomística, ven en la figura precitada la unión de una cesión de los derechos con una asunción acumulativa de las obligaciones *(Schuldmitübernahme)* nacidas del contrato base.

ferencia del contrato en esta figura especial que examinamos está típicamente caracterizado por la reserva hecha de no liberar al cedente de sus obligaciones base para con el mismo cedido; esta declaración debe ser precisa e inequívoca, precisamente para excluir aquel *naturale negotii* de la liberación del cedente que, según la fórmula legislativa (art. 1.408, párrafo primero) es considerado como el efecto normal de la cesión de contrato.

Aun cuando también aquí, a falta de particulares requisitos formales exigidos por la ley, debe estimarse operativo el principio de la libertad de forma, sin embargo, la redacción por escrito del negocio de cesión, además de por las razones ya indicadas en el número 10, será tanto más aconsejable cuanto que deberá hacerse resaltar de forma incontrovertible (más de cuanto pueda resultar en general de un simple acuerdo verbal) la indicada voluntad del cedido de no liberar al cedente de sus obligaciones.

También en esta figura examinada (análogamente a cuanto ya se vio en la anterior con liberación del cedente: n. 10) existe la posibilidad de una *formación progresiva* (o *sucesiva)* del negocio de cesión, o bien de una *formación simultánea,* en *acto único.* La primera está caracterizada por una secuencia cronológica de las tres declaraciones de voluntad necesarias para el perfeccionamiento de la cesión; la segunda marcada por una declaración simultánea y en acto único de las mismas tres voluntades (en el sentido de que el cesionario sustituye globalmente al cedente en su posición contractual, y que el cedido, aun aceptando tal sustitución, no libera al cedente de sus obligaciones *ex contractu*). La eficacia del negocio de cesión, bien entre las partes, bien respecto a terceros, se inicia en el momento en que se han encontrado las voluntades de las tres partes interesadas, perfeccionando el negocio mismo. En los números sucesivos se examinará ampliamente cuál sea la posición particular del cedente en relación con el cedido, y cómo debe interpretarse la permanente responsabilidad del primero hacia el segundo en cuanto a las obligaciones base; en ellos se determinará también los efectos de la cesión en las tres direcciones negocíales.

17. Efectos en la dirección cedente-contratante cedido

Examinemos ahora cuáles son los efectos de la cesión sin liberación en la dirección indicada. Por la entrada del cesionario en la posición contractual del cedente, a la vez que pierde éste los derechos que se le derivaban del contrato base respecto al contratante cedido (derechos transferidos ahora al cesionario) , no queda liberado de sus obligaciones básicas para con el mismo cedido, en cuanto que se ha presupuesto que este último, al adherirse al negocio de cesión, ha declarado que no liberaba al cedente (que, a su vez y por su parte, consiente en la permanencia de su vínculo obligatorio, aunque sea ahora en línea subsidiaria),

Se trata ahora de concretar cuál es la recíproca posición del cedente y del cesionario frente al cedido, para las obligaciones en cuestión.

No es dudoso que, a consecuencia del perfeccionamiento de la cesión de contrato, el obligado principal es el cesionario que, así como se convierte en nuevo titular de los derechos *ex contractu,* también se convierte, lógicamente, en obligado principal respecto a todos los elementos pasivos correspondientes a la posición contractual en que ha entrado globalmente. Consecuencia ésta que, como bien se comprende, está impuesta por las mismas exigencias de la circulación del contrato.

De la reserva de no liberación formulada por el contratante cedido saca una indeclinable consecuencia la norma que disciplina autónomamente la estructura de la figura examinada: el vínculo obligatorio del cedente respecto al cedido (para todos los elementos pasivos antes recordados), aunque sobrevive a la cesión *se convierte en subsidiario* respecto al vínculo que se ha constituido, por efecto de la cesión, entre el cesionario (nuevo obligado en línea principal) y el mismo cedido; con exclusión en particular de una solidaridad pasiva entre los dos obligados. Mas precisamente, el cedido podrá dirigirse contra el cedente únicamente si el cesionario no cumple las obligaciones asumidas (art. 1.408, párrafo segundo). Nótese en especial que no es necesaria ya la previa exclusión del cesionario incumplidor para autorizar la acción del cedido en relación con el cedente: a tal fin es suficiente la simple petición de cumplimiento no satisfecha (Exposición de Motivos: § 642)[2].

Sustancialmente, pues, en la estructura que le imprime la norma, la cesión de contrato sin liberación ofrece al cedente la ventaja de una *atenuación* de su responsabilidad para con el cedido, en el sentido de que mientras antes de la cesión él era el único obligado (siempre por todos los elementos pasivos *ex contractu),* después de la cesión y frente al invariable acreedor (contratante cedido), la responsabilidad del mismo cedente pasa a ocupar un lugar subsidiario y subordinado respecto a la obligación principal del cesionario. En otros términos, frente al acreedor citado y después de la cesión, son dos los deudores vinculados al cumplimiento, y no solidariamente (como sería en el caso de una hipotética asunción de deuda acumulativa: artículo 1.273, párrafo tercero), sino uno como principal —o sea, el cesionario— y otro como subsidiario— o sea, el cedente— para el caso eventual de que el primero no cumpla.

No creemos que se pueda afirmar, como se ha hecho algunas veces[3], que el cedente no sería responsable directamente por una obligación propia, sino que se convertiría en responsable, por la vía de garantía, de una obligación *ajena* (es decir, del cesionario). En efecto, si el cedido declara

---

2 Para las obligaciones del cedente en el supuesto que se examina, y análogamente para las obligaciones del delegante en la delegación acumulativa (artículo 1.268), véase MESSINEO: *Manuale di diritto civile e commerciale,* Milán, 1946-47, vol. II, pág. 452, quien observa que, en sustancia, se perfila una situación intermedia entre aquella de la obligación solidaria pasiva, y aquella de la obligación subjetivamente simple.

3 CLARIZIA: *ob. cit.,* pág. 71; COLAGROSSO: *ob. cit.,* pág. 320.

que «no quiere liberar» al cedente es señal de que el vínculo original de este último sobrevive, aunque sea en una posición diversa de la originaria. Por otra parte, el concepto de una fianza por una obligación ajena supondría por norma (artículo 1.944, párrafo primero) que el fiador *está obligado solidariamente* con el deudor principal. Obsérvese, en fin, que cuando en esta materia ha querido referirse el legislador al mecanismo de la fianza lo ha declarado expresamente, como sucede en la muy diversa situación del artículo 1.410[4].

Al establecer la indicada subsidiaridad del vínculo del cedente, la norma, con toda evidencia, y frente a la reserva de no liberación, se inspira en la exigencia de realizar en la forma más completa posible (compatible con la mencionada reserva) los normales efectos de la transferencia integral del contrato. Es evidente, en efecto, que tal realización faltaría en gran parte si la norma, al disciplinar esta figura, en vez de establecer la subsidiaridad precitada, hubiera dispuesto eventualmente la *solidaridad de los dos deudores* —cedente y cesionario—, confiriendo así al contratante cedido la facultad de obrar, a su gusto, contra uno o contra el otro de ambos obligados.

La orientación seguida también aquí por la ley, que al satisfacer la exigencia de una transferencia global de las deudas y de los créditos *ex contráctil* imprime una disciplina autónoma y unitaria a la transferencia precitada, y rechaza en particular la consecuencia de la solidaridad (de los dos deudores), que sería lo natural en la hipotética presencia (dentro del procedimiento de transmisión) de una eventual asunción de deuda acumulativa (art. 1.273, párrafo tercero), es una prueba más, en nuestra opinión, y bien elocuente, de que en la esfera del Derecho positivo son inaceptables todas las construcciones atomísticas que en tiempos pasados pensaron identificar, en la mecánica de la transferencia del contrato, la yuxtaposición de una cesión de los créditos y de una asunción de las deudas.

Cerramos este número destacando el alcance de la obligación especial establecida por la ley (art. 1.408, párrafo tercero) sobre el cedido de notificar al cedente el incumplimiento del cesionario dentro de los quince días a partir de aquel en que se produjo el incumplimiento. Tal obligación está en relación con el interés que tiene el cedente de tomar precauciones eventualmente respecto al cesionario para el caso de verse obligado a cumplir en lugar del mismo cesionario incumplidor. Y si el cedido no atiende a ese deber de informar

---

4 También NATOLI: *ob. cit.*, págs. 319 y sigs. excluye justamente que en la cesión del contrato sin liberación del cedente pueda éste ser equiparado a un fiador del cesionario. No podemos estar de acuerdo, en cambio, con este autor (*ob. cit.*, pág. 326) cuando, en virtud de la naturaleza jurídica y de la estructura del negocio de cesión sin liberación, parece volver a una concepción atomística, aunque a través de manifiestas perplejidades.

oportunamente al cedente del incumplimiento en cuestión, aunque conserva la acción contra el cedente, estará obligado respecto a él por resarcimiento del daño que se le puede originar.

18. Efectos de la dirección cedente-cesionario

En esta dirección, los efectos de la cesión de contrato sin liberación del cedente son en gran parte análogos a los examinados antes en el caso de cesión con liberación (núm. 11), con la variante, naturalmente, de la permanente responsabilidad subsidiaria del cedente, respecto al cedido, en el caso de incumplimiento por el cesionario.

Más precisamente, también aquí, con el perfeccionamiento del negocio de cesión, los derechos y las obligaciones del contrato base, en su conjunto unitario, se transfieren del cedente al cesionario[5]. Por tanto, a la vez que éste está obligado con carácter principal respecto al cedido en el cumplimiento de las obligaciones contractuales en las que ha entrado, tiene derecho a su vez a exigir del contratante cedido la exacta ejecución del contrato base en su propio y exclusivo provecho. Si el cedido se convirtiera en insolvente de sus propias obligaciones contractuales, el derecho de obrar contra él (según los términos del art. 1.453 y sigs.) competiría, en mi opinión, únicamente al cesionario, en cuanto que el cedente ha quedado privado de todo derecho *ex contractu* con la cesión.

También en esta figura está obligado el cedente, de derecho, a garantizar al cesionario solamente la válida existencia del contrato cedido. En particular, y respecto al cesionario, el cedente no tiene obligación alguna de garantizarle la exacta ejecución del contrato base por parte del contratante cedido; de aquí se sigue que el cedente tiene derecho a obtener del cesionario el precio establecido en hipótesis por la cesión, aun cuando eventualmente faltara luego el cumplimiento de las obligaciones contractuales básicas por parte del cedido. Sin embargo, nada impide que el cedente asuma *voluntariamente,* respecto al cesionario, la específica garantía del dicho cumplimiento por parte del cedido; en tal caso el cedente asume la posición de fiador respecto a las obligaciones del cedido (art. 1.410, párrafo segundo), y consiguientemente, responde, respecto al cesionario, *solidariamente* con el contratante cedido (art. 1.944, párrafo primero), dentro de los límites marcados por el artículo 1.942. En tal hipótesis, el cedente, a la vez que en sus relaciones con el cesionario sería fiador del contratante cedido, por otro lado, y en sus relaciones con el cedido, no dejaría de ser responsable, pero subsidiariamente, por el eventual incumplimiento del cesionario de las obligaciones *ex contractu* en las que este último ha sustituido al cedente.

---

[5] Para la relación *subexistente* entre cedente y cesionario deban repetirse aquí consideraciones análogas a las expuestas en el número 14.

19. Efectos en la dirección cedido-cesionario

Llegamos ahora a los efectos en esta dirección. Ambos, con la perfección de la cesión, resultan ahora *partes* del contrato transferido, por cuya razón tanto uno como el otro tienen derecho recíprocamente a la ejecución del contrato en sus respectivas partes (dado que el cedente se ha despojado ahora de todo derecho en relación con el contratante cedido, aunque permanezca obligado, como se acaba de ver, con carácter subsidiario).

Consideremos, ante todo, la hipótesis de que el cesionario incumpla el contrato base cedido. La parte contraria, o sea el cedido, puede, ante todo, como es evidente, negarse a cumplir sus propias obligaciones *ex contractu*, oponiendo la *exceptio inadimpleti contractus* (art. 1.460). En virtud, pues, de la formulación del artículo 1.408, párrafo segundo —el contratante cedido... *puede obrar...*—, estimamos que, frente al comprobado incumplimiento del obligado principal, el cedido tiene una doble posibilidad:

a) Obrar contra el obligado con carácter subsidiario, es decir, contra el cedente, independientemente de la previa excusión del cesionario.

b) Omitir dicha acción contra el cedente (por ej., cuando puede preverse infructuosa por el pasivo que grava sobre el patrimonio del mismo cedente), y promover, siempre contra el cesionario, la acción para el cumplimiento o para la resolución judicial del contrato base, según los términos del artículo 1.453 y siguientes, además del resarcimiento del daño.

Consideremos ante todo la hipótesis *a)*. La comunicación del incumplimiento del cesionario que el cedido está obligado a hacer dentro del plazo de quince días desde aquél en que se produjo (art. 1.408, párrafo segundo), además de permitir al cedente —como ya se ha dicho antes— prevenirse eventualmente en relación con el cesionario incumplidor, le consiente también (en relación con su responsabilidad subsidiaria) un útil margen de tiempo para satisfacer directa y oportunamente al contratante cedido en lugar del obligado principal, evitando así las onerosas consecuencias de una acción judicial dirigida contra él por el cedido.

Puede suceder, empero, que también el cedente se niegue ilegítimamente a cumplir el contrato base.

Entonces, para la tutela de sus derechos, el cedido podrá seguir frente al cedente uno de estos caminos:

1.° Pedir el cumplimiento o la resolución judicial del contrato base[6], y salvo siempre el resarcimiento del daño (artículo 1.453).

---

[6] Empero, en la hipótesis en que pida él la resolución judicial, lógicamente la acción de resolución deberá ser intentada también respecto al obligado principal, es decir, el cesionario, de modo que la sentencia de resolución pueda desplegar sus efectos respecto a todos los interesados.

2.° Exigir por escrito al incumplidor que cumpla dentro de un plazo congruente, con declaración de que transcurrido ese plazo inútilmente se entenderá, sin más, resuelto de derecho el contrato (art. 1.454), es decir, sin necesidad de sentencia judicial, con las correlativas consecuencias patrimoniales a cargo del mismo incumplidor[7].

3.° En la hipótesis de que en el contrato base ya figure inserta una cláusula resolutiva expresa para el caso de que una determinada obligación contractual no fuera cumplida según las modalidades establecidas por las partes, el cedido a quien no se le cumpla esa obligación en concreto podrá invocar la resolución de derecho del contrato base, declarando a los incumplidores[8] que piensa valerse de la cláusula resolutiva (art. 1.456), con las correlativas consecuencias a cargo de estos últimos.

Consideremos ahora la hipótesis expuesta en la letra *b*); es decir, que omitiendo el obrar directamente contra el cedente (a quien de todos modos debe dar cuenta del incumplimiento, según establece el art. 1.408), el cedido, frente al incumplimiento del cesionario, prefiere obrar directamente contra éste. También en tal caso podrá seguir el cedido, frente al cesionario incumplidor, uno de los tres caminos expuestos en los números 1.°, 2.° y 3.°, con la advertencia de que cuando pida la *resolución* (y no el *cumplimiento)* del contrato base sería lógico que obre también contra el cedente, de modo que la resolución (según los casos, *judicial* o *de derecho)* pueda ser operativa frente a todos los interesados, es decir, frente al obligado principal y el obligado subsidiario.

Pasemos ahora a considerar la hipótesis de que sea, en cambio, el cedido quien incumpla sus obligaciones básicas frente al cesionario. Este, como es natural, podrá ante todo negarse a cumplir sus propias obligaciones en relación con el cedido, oponiendo la misma *exceptio inadimpleti contractus.* Además, en defensa de sus propios derechos crediticios, el cesionario podrá obrar contra el cedido para lograr el cumplimiento o la resolución (*judicial* o *de derecho,* según los casos) del contrato base, según las modalidades previstas en los artículos 1.453 (cumplimiento o resolución judicial), el 1.454 (negativa a cumplir y resolución del contrato) y el 1.456 (cláusula resolutiva expresa y resolución del contrato); modalidades completamente análogas a las acabadas de examinar para la hipótesis de incumplimiento del cesionario respecto al cedido. En la eventualidad, en fin, de que el cedente haya asumido la garantía del cumplimiento del contrato, respondiendo, por tanto, como un fiador de las obligaciones del contratante cedido (art. 1.410, párrafo segundo), el cesio-

---

7 Dirigiéndose a la resolución del contrato base, para que tal resolución pueda ser eficaz en relación con todos los interesados, la intimación, lógicamente, será dirigida también contra el cesionario.

8 Para que pueda ser operativa respecto a todos los interesados, será lógico, en efecto, que la declaración de que se trata se dirija no solo al cedente, sino también al cesionario.

nario, ante el incumplimiento del cedido, podrá obrar también, para lograr ese *cumplimiento,* contra el cedente, en virtud del principio general de que el fiador está obligado solidariamente con el deudor principal a que la obligación se cumpla (art. 1.944).

Hemos examinado hasta aquí las consecuencias derivadas de un eventual incumplimiento de las obligaciones base, primero en la dirección cesionario (incumplidor)-cedido y después en la dirección cedido (incumplidor)-cesionario. Interesa ahora destacar que posteriormente al negocio de cesión podrían aparecer vicios en el contrato base que autoricen a ejercer la acción de anulación del mismo contrato base. Tales acciones, según las diversas hipótesis y la distinta naturaleza de los aludidos vicios, podrán ser ejercitadas por el cedido frente al cesionario o por éste frente al cedido. Pero en todo caso, para que la correspondiente declaración judicial pueda ser operativa en relación con todos los interesados (y en particular respecto al obligado con carácter subsidiario) parece lógico que la acción de anulación venga extendida también en relación con el cedente, tanto más cuanto que éste, *originario* contratante, se encontrará en las mejores condiciones para aclarar sobre el fundamento de los vicios alegados y discutidos.

Para concluir este punto debemos, en fin, destacar que también en esta figura, tanto el contratante cedido como el cesionario, en trance de ejecución de las obligaciones respectivas, pueden oponerse recíprocamente todas las excepciones derivadas del contrato base, pero no aquellas fundadas sobre otras relaciones con el cedente[9]; salvo que —repitiendo la fórmula legislativa— el contratante cedido haya hecho expresa reserva de alguna de estas excepciones en el momento en que ha consentido en el negocio de cesión (art. 1.409). Pero la posibilidad de tal reserva debe estimarse, en nuestra opinión, tanto para las excepciones que el cedido intente oponer al cesionario como para aquellas que el cesionario intente oponer al cedido, cuando se trate de cumplir sus respectivas obligaciones básicas. Es evidente, pues, que si a consecuencia del incumplimiento del cesionario obra el cedido contra el obligado subsidiario, es decir, contra el cedente, éste podrá libremente oponer contra el cedido todas las excepciones fundadas sobre las relaciones establecidas con el mismo cedido, aunque sean extrañas al contrato base.

20. La cesión de contrato sin liberación del cedente como contrato plurilateral

Recordando las consideraciones hechas anteriormente (número 15) acerca de la estructura del contrato plurilateral en el actual sistema legislativo, no

[9] Tales excepciones, en efecto, por someter a discusión elementos extraños al contrato base, y de consecuencias normalmente ignoradas para las partes contra las que dichas excepciones se producirían, no se conciliarían con las exigencias de una rápida circulación del contrato.

nos parece dudoso que también la cesión de contrato sin liberación del cedente debe ser encuadrada dentro de dicho esquema. En efecto, también en la cesión sin liberación participan en el negocio *tres partes* en sentido técnico (es decir, tres centros autónomos de intereses), las cuales, de común acuerdo, establecen que la posición contractual base, encarnada en la persona del cedente, debe transferirse globalmente (como resultante unitaria de créditos y deudas) a la persona del cesionario, pero sin liberación del cedente respecto al contratante cedido (en cuanto a las obligaciones que tiene el primero respecto al segundo, como consecuencia del contrato transferido); con la consecuencia de que *a lastere* del cesionario, nuevo obligado principal, la relación del cedente, siempre respecto al acreedor contratante cedido, pasa *ex lege* a una posición subordinada y subsidiaria para el caso de que el cesionario no cumpla las obligaciones así contraídas.

Por tanto, así la cesión de contrato con liberación, como la hecha sin liberación, tenida cuenta de las bases positivas de la vigente legislación, entran armónicamente en una construcción unitaria en la amplia categoría del contrato plurilateral.

CAPÍTULO IV

LA CESIÓN MEDIANTE ENDOSO DEL DOCUMENTO CONTRACTUAL

SUMARIO.— 21. Líneas generales de la figura de cesión examinada. 22.— Singularidad del endoso del documento contractual. Encuadre de esta cesión en el esquema del contrato plurilateral.

21. Líneas generales de la figura de cesión examinada

En las configuraciones consideradas hasta aquí el contratante cedido, al dar su concurso al perfeccionamiento del negocio de cesión o ha aceptado expresamente la sustitución del cedente por el cesionario en la relación contractual, o al menos, ha tenido conocimiento de ella a través de la ordenada notificación por parte de los interesados (hipótesis del consentimiento previo en virtud del artículo 1.407, párrafo primero).

Pero la ley considera también otra hipótesis en la que la sustitución se efectúa independientemente de su conocimiento por el contratante cedido, así como de la persona del cesionario. Es la hipótesis prevista en el artículo 1.407, párrafo segundo, según el cual, si todos los elementos del contrato que va a transferirse resultan (claro es que por obra de los mismos contratantes primeros) de un documento en que está incluida la cláusula «a la orden», u otra equivalente, el endoso del documento produce la sustitución del que lo endosa por la persona del endosatario.

Evidentemente, también en esta hipótesis el contratante cedido participa, como siempre, en el proceso formativo del negocio de cesión; sin embargo, su comportamiento negocial debe entenderse en el sentido de que no solo ha dado previamente su consentimiento a la cesión del contrato, sino que también ha renunciado previamente a tener aviso de la misma[1]. En esta figura de cesión, por tanto, la indiferencia y la fungibilidad de la persona física del cedente (en la valoración subjetiva del contratante cedido) alcanzan la máxima expresión.

---

[1] Cfr. VALERI: *ob. cit.*, II, pág. 78.

Puesto que la cláusula «a la orden» (u otra equivalente) inserta en el documento autoriza la circulación del contrato por medio del giro o endoso, la cesión en concreto del contrato se perfecciona, y adquiere eficacia respecto a todos los sujetos interesados (llevando consigo, en particular, la liberación del cedente respecto al cedido), en el momento en que el documento se transfiere mediante un giro regular.

Ya se conoce la orientación de la doctrina anterior al Código vigente en cuanto se refiere a los efectos del giro de títulos a la orden que no fueran letras de cambio. Según esa orientación, de los dos típicos efectos del giro cambiario (es decir, la *transferencia* en virtud de la cual se transfieren al giratorio la propiedad del título y todos los derechos que le son inherentes; y la *garantía* en virtud de la cual el girador queda obligado cambiariamente respecto hacia el giratario y sucesivos portadores por la aceptación y el pago de la letra de cambio), cuando se trate de títulos a la orden, que no son letras de cambio, el giro produce siempre el efecto de la transferencia; pero el otro efecto, el de la garantía (es decir, el de que cada girador quede responsable solidariamente del cumplimiento de la obligación) se produce únicamente en los casos en que ese efecto esté expresamente establecido por la ley o por una norma consuetudinaria que ocupe su lugar[2]. Esta orientación se encuentra respetada, en los principios esenciales, en el Código vigente, el cual, después de haber establecido en el artículo 2.011 que el giro de los títulos a la orden en general, transfiere todos los derechos inherentes al título, precisa en el artículo 2.012, en cuanto a las obligaciones del girador, que éste no queda obligado por incumplimiento de las prestaciones debidas por el que emitió el título, más que en caso de disposición contraria de la ley, o de cláusula en contra que resulte del mismo título.

Puesto que en la materia específica que nos ocupa, la ley (art. 1.407, párrafo segundo) solo prevé el efecto de la transferencia y no el de la garantía, el giro del documento que comprenda todos los elementos del contrato a transferir solo determinará la sustitución del giratorio en la posición contractual del girador, y no le sustituirá en la garantía de este último (respecto al primer giratorio no menos que respecto a los otros eventuales giratorios sucesivos) en el cumplimiento del contrato por el contratante cedido. Naturalmente, la liberación del girador de sus obligaciones originarias para con el contratante cedido tiene lugar en el momento del giro y como efecto del mismo. También aquí el girador (cedente en el contrato base) solo está obligado a garantizar *la validez* del mismo contrato, según el principio general del artículo 1.410, párrafo primero; nada impide, sin embargo, que con *un pacto particular expreso* (y no en virtud de solo el giro) asuma la garantía del cumplimiento del contrato

---

2 Cfr. VIVANTE: *Trattato di diritto commerciale,* Milán, 1924, vol. III, pág. 499. MESSINEO: *I titoli di credito,* Padua, 1933, vol. II, pág. 245. TARTUFARI: *Della vendita e riporto,* Turin, 1936, pág. 100; así como SUPINO y DE SEMO, allí citados.

(por el contratante cedido); en tal caso responderá como un fiador de las obligaciones de este último (artículo 1.410, párrafo segundo).

22. Singularidad del giro del documento contractual. Encuadre de esta cesión en el esquema del contrato plurilateral

Puesto que el giro del documento que reúne todos los elementos del contrato base está dirigido a la transmisión integral de la posición contractual del girador (resultante de una interdependencia de elementos activos y pasivos), y no solo de los derechos inherentes a la mencionada posición, el giro en cuestión presenta una singularidad que ha sido puesta justamente de relieve en la doctrina. Mientras que el giro ordinario empleado para la circulación de un título a la orden transfiere únicamente el derecho de crédito, el giro del documento de que tratamos no solo transfiere el derecho nacido del contrato (o mejor el conjunto de derechos), sino que imprescindiblemente atribuye al giratario la condición de deudor para con el contratante cedido, según el contenido del contrato; de tal suerte que el girador, si no cumple por su parte, no puede exigir la prestación debida por el contratante cedido[3]. Por consiguiente, respecto a la relación *subyacente* entre cedente-girador y cesionario-giratario, pueden repetirse, en nuestra opinión, consideraciones análogas a las hechas en el núm. 14.

Establecido eso previamente, en general, en cuanto a la transmisibilidad por giro del documento contractual, interesa precisar que la ley ha querido referirse, sobre todo a la figura de la venta mediante los llamados *stabiliti* a la orden. Tales documentos (*stabiliti*) de contrato creados por la práctica comercial y fundamentalmente basados sobre costumbres y usos que varían de una plaza a otra, encuentran frecuente aplicación especial en el comercio de los cereales. Sobre su estructura y su funcionamiento en concreto nos remitimos a las consideraciones que se harán en el capítulo siguiente al tratar específicamente de la cesión de la compraventa.

Ahora interesa reafirmar aquí que la fijación del contrato base en un documento en que se haya incluido la cláusula «a la orden» (como en el *stabilito*), a la vez que autoriza la circulación del contrato por medio del giro, es interpretada por el legislador como *implícito y previo consentimiento del contratante cedido* a liberar al girador (es decir, al cedente) en el momento y como efecto del simple giro, aceptando la sustitución, a todos los efectos, del giratario (cesionario del contrato) en la compleja posición contractual constituida antes en la persona del girador.

Bajo el aspecto dogmático, pues, también el negocio de cesión por medio de giro debe encuadrarse, en nuestra opinión, en el esquema general, ya examinado, del contrato plurilateral de formación progresiva, en cuanto que el

[3] Cfr. MESSINEO: *Dottrina generale del contratto,* Milán, 1944, página 369.

consentimiento del cedido se hace anticipadamente, en un primer momento, para encontrarse después, en un segundo momento, con el consentimiento del cedente-girador y del cesionario-giratario.

Las consideraciones desarrolladas hasta este lugar parecen autorizar, pues, una conclusión: que la triple configuración de la cesión de contrato examinada precedentemente, aparte algunas peculiaridades específicas de cada figura, en sus líneas generales esenciales nos llevan todas armónicamente a un fundamento unitario, y más precisamente al esquema general del contrato plurilateral.

CAPÍTULO V

APLICACIONES PARTICULARES LEGISLATIVAS DE LA CESIÓN DE CONTRATO

SUMARIO.— 23. Cesión de la compraventa: en particular de los *stabiliti*.— 24 Posibilidad de la cesión de contrato en la venta de herencia (arts. 1.542 y sigs. Cód. civ.).— 25. Cesión del arriendo (artículo 1.954 Cód. civ.).— *26.* Cesión del arriendo de nave y de aviones (arts. 378 y 939 Cód. de la navegación).— 27. Cesión del contrato de fletamento de nave y de avión (artículos 394 y 939 del Código de la Navegación). — 28. Cesión del contrato de alquiler (art. 1.624 Cód. civ.). La prohibición de la cesión de los contratos de arriendo de fincas rústicas (D. L. 5 de abril 1945, n. 156).— 29. Cesión de los contratos de *mezzadria* y de *colonia parziaria* (artículos 2.149 y 2.169 Cód. civ.).—30. Cesión del contrato constitutivo de enfiteusis (arts. 965, 967 Cód. civ.).—31. La cesión de cartera: el problema en la doctrina anterior.— 32. La cesión de cartera en virtud del artículo 1.902 del vigente Código civil.— 33. Transferencia de las acciones no liberadas (artículo 2.356 Cód. civ.).— 34. Exclusión de la cesión técnica en la fusión de las sociedades mercantiles.— 35. Exclusión de la cesión de contrato en la donación universal.

23. La cesión de la compraventa: en particular de los «stabiliti»[a]

Pasamos ahora a examinar las aplicaciones particulares y típicas que la cesión de contrato ha tenido en las zonas más variadas de nuestro sistema legislativo: aplicaciones correctas de normas adecuadas en relación con las particularidades de las relaciones a que nos referimos.

Ya pusimos de relieve antes que la institución se ha desarrollado históricamente y ha tenido las aplicaciones más importantes en el terreno de la compraventa. Se impone aquí, por tanto, tratar de ésta en primer lugar, sobre todo en relación con la estructura y el funcionamiento de los llamados *stabiliti*.

---

[a] La dificultad de encontrar término equivalente al *stabilito* en castellano nos induce a conservar el vocablo original. No consideramos necesaria una explicación más detallada de este documento, pues su naturaleza queda patente en el mismo texto. (Nota del traductor).

La cesión del contrato de compraventa puede realizarse en concreto a través de cada una de las tres configuraciones típicas de cesión examinadas en la primera parte: mediante la cesión con liberación del cedente; o sin esa liberación; o, en fin, mediante el giro de un documento que reúne todos los elemento del contrato de compraventa, provisto de la cláusula «a la orden».

Sobre las dos primeras clases de cesión, nada debemos observar de particular, pues encuentran aplicación en la compraventa las normas generales examinadas en los capítulos precedentes.

La tercera figura, caracterizada por el endoso del documento contractual, se refleja, sobre todo, en el terreno de la compraventa, en los ya citados *stabiliti,* que suelen emitirse en determinados ramos del comercio, y especialmente en el de cereales. Si examinamos la literatura anterior en esta materia[1] observamos extremadas perplejidades sobre la naturaleza y sobre la disciplina de los títulos en cuestión. Se explica esto, sobre todo, considerando que se trata de títulos creados por la práctica comercial, carentes de una específica disciplina legislativa, y fundamentalmente basados sobre usos que varían de una plaza a otra.

En los usos comerciales los *stabiliti* son escrituras privadas en las que se hace constar la celebración de una venta a término, en virtud de la cual el vendedor se obliga a entregar, en un lugar y tiempo determinados, una mercancía determinada en especie, calidad y cantidad; y el comprador por su parte, se obliga a pagar su precio en el acto mismo de la entrega. Tales escrituras, en general en papel corriente, se redactan por duplicado, destinando un ejemplar al comprador y otro al vendedor. Con mucha frecuencia los comerciantes adoptan modelos típicos ya impresos, en los que se contienen, de ordinario, las siguientes indicaciones:

1.ª La denominación de *contrato stabilito, biglietto di stabilito,* o simplemente *stabilito.*

2.ª La fecha.

3.ª El nombre y apellidos del vendedor.

4.ª El nombre y apellidos del comprador.

5.ª La mercancía de que se trata.

6.ª La cantidad.

7.ª La calidad.

8.ª La fecha en que deberá hacerse la entrega.

---

[1] Véanse en particular las obras de TARTUFARI, ROCCELLA, BONOMI, RAMELLA, PAGANI, VIVANTE, SUPINO, citados por FONTANA: *ob. cit.,,* en la *Riv. dir. comm.*, 1934, I, pág. 193, texto y nt. 1. Añádase MESSINEO: *I titoli...* ya cit. vol. I, págs. 126 y sigs., vol. II, págs. 245 y sigs. Y ahora FERRI: *I titoli di credito* (en el *Trattato* de VASSALLI), Turin, 1950, págs. 27 y sigs.

9.ª El lugar de la misma.

10.ª Tara.

11.ª El reconocimiento de la mercancía, según que haya sido hecha ya o todavía haya de hacerse.

12.ª El precio pactado.

13.ª La señal entregada por el comprador al vendedor en el momento de pactarse el contrato.

14.ª El lugar y el tiempo en que deberá efectuarse el pago, que suelen ser el de la entrega de la mercancía.

15.ª Las condiciones particulares añadidas al contrato, entre las que figura especialmente la cláusula compromisoria mediante la que se pacta de ordinariio que, en ese caso de pequeñas discrepancias, las partes designarán dos árbitros, con facultad en ellos para designar en caso de discordia entre sí, un tercero que juzgue inapelablemente.

16.ª La firma de las partes, y si ha intervenido un mediador, la de éste[2].

Además de los elementos indicados puede ponerse, y así se hace con frecuencia, la cláusula «a la orden», en virtud de la cual, y por virtud de un reconocimiento consagrado por el uso (a falta de normas legislativas a este respecto), el *stabilito* se hace transmisible por endoso.

Puede cederse la posición compleja del comprador (de forma que el endosatario no podrá exigir la entrega de la mercancía sin pagar el precio), o bien la del vendedor (de modo que el endosatario no podrá exigir el precio sin entregar la mercancía). El endoso por el comprador (prácticamente el más frecuente), se formula, por lo general, en los términos siguientes: «Cedo el presente contrato, con todos mis derechos y obligaciones, habiendo recibido la señal y la diferencia de precio».

Como claramente resulta de la fórmula reproducida, se está ante una verdadera y propia cesión del contrato de compraventa por un primer comprador (endosante) a un segundo comprador (endosatario): por efecto del endoso el segundo viene a entrar globalmente en la posición contractual (elementos activos y pasivos) del endosante, es decir, del primer comprador, con eficacia vinculadora al mismo tiempo para el vendedor cedido. Lo cual está confirmado también por la regulación de las relaciones recíprocas entre las partes interesadas a consecuencia del endoso. El endosatario entrega al endosante, en el momento del endoso, la señal que éste ha pagado al vendedor, y, además, la eventual diferencia en más entre el precio convenido entre

[2] Tartufari: *Della vendita e Riporto,* Turín, 1936, § 67, página 98. La enumeración de los datos indicados en el texto se hace en virtud de los modelos *stabiliti* usados en Ferrara, Rovigo y Treviso.

endosante y endosatario y el indicado en el *stabilito* (diferencia que también puede no existir). Al mismo tiempo el endosatario asume la obligación de pagar al vendedor en el acto de la entrega de la mercancía el precio de adquisición original (o sea, el pactado entre el vendedor y el primer comprador)[3]. Lo mismo puede decirse en la hipótesis en que el segundo comprador endose a su vez el *stabilito* a un tercer comprador; y así sucesivamente. Al llegar el día indicado en ese documento para la entrega de la mercancía, el último endosatario poseedor del documento retirará del vendedor la mercancía en el lugar indicado, y le satisfará el precio pactado en el *stabilito*[4].

En cuanto a la discutida naturaleza jurídica de tales documentos a la orden[5], según una determinada orientación doctrinal, debería excluirse en ellos la naturaleza de títulos de crédito (propiamente dichos) porque el derecho que se deriva de ellos está subordinado a una contraprestación que el poseedor o endosatario debe prestar a quien está obligado a la prestación indicada en el documento; lo cual contrastaría con el carácter de unilateralidad de la obligación que se deduce de un título de crédito. Por tanto, los *stabiliti* deberían encuadrarse entre los títulos de crédito *impropios;* amplia categoría ésta, comprensiva de los *documentos de legitimación* (recibos y títulos de legitimación), y los llamados *títulos aparentes,* entre los cuales deberían incluirse, precisamente, los *stabiliti*[6]. Dichos títulos aparentes—según la orientación indicada—son documentos que, a veces, pueden adquirir aspectos externos o mecanismos de los títulos de crédito (por ejemplo: el endoso), o de los mismos documentos de legitimación, no siendo una cosa ni la otra. Son documentos quirográficos, que ejercen únicamente función probatoria de un contrato, o de un pago, o de una entrega, en cuanto atestiguan la

---

[3] Habiendo recibido el cedido una señal en garantía del cedente-girante (reembolsado después, como ya se ha visto, por el cesionario-giratario) en el momento en que el giratario cumple exactamente su prestación contractual para con el cedido, según los términos del artículo 1.385, esa señal debe ser «restituida o imputada a la prestación debida».
En la hipótesis, pues, de que el girante haya entregado al vendedor cedido un verdadero y propio pago a cuenta sobre el precio, generalmente el giratario reembolsará al girante tal cantidad (el que haya tal obligación es, empero, una *quaestio voluntatis* que se resolverá caso por caso); por tanto, el mismo giratario permanecerá obligado para con el cedido por el resto del precio.

[4] El negocio subexistente entre girante y giratario, aunque normalmente es una venta, puede ser también un negocio de naturaleza distinta; análogamente a cuanto se ha visto para las otras figuras de cesión de contrato (nn. 14, 17).

[5] Para las controversias en esta materia en el derecho anterior, cfr. MESSINEO: *ob. cit.,* vol. I, pág. 126, y vol II, pág. 245 FONTANA: *ob. cit.* en *Riv. dir. comm.,* 1936, pág. 193. TARTUFARI: *ob. cit.* últimamente, págs. 97 y sigs. SUPINO DE SEMO: *Cambiale e Assegno Bancario,* Turín, 1935, §§ 696-98. Y más recientemente, FERRI: *ob. cit.,* página 27, texto y nota 3.

[6] MESSINEO: *ob. cit.,* II, pág. 245. También su *Manuale di diritto civile e commerciale,* Milán, 1947, vol., III, pág. 266. Reafirma este autor que el *stabilito* no es un verdadero título de crédito, en cuanto que no contiene una promesa unilateral, sino que es el documento probatorio de un contrato de compraventa.

existencia de una relación obligatoria constituida, y en los cuales, en especial, no se contiene promesa alguna *unilateral* de prestación a favor del poseedor del mismo. Lo cual debe decirse, precisamente, respecto al poseedor del *stabilito.* En efecto, como se ha dicho antes, en tanto puede el comprador exigir la entrega de la mercancía al primer vendedor (emitente del *stabilito)* en cuanto le pague a éste el precio debido, mientras que por su parte el vendedor en tanto puede exigir el precio en cuanto que entregue la mercancía en el plazo fijado.

A esta orientación doctrinal se opone otra que, partiendo de una diferente concepción del título de crédito y de su ámbito, incluye directamente entre tales títulos de crédito los *stabiliti* a la orden[7].

Expuesto esto desde un punto de vista general, en cuanto más directamente interesa a nuestro tema, dos cuestiones atrajeron la atención especial de los autores en el derecho anterior. La primera se refiere a los efectos del endoso del *stabilito;* de modo más preciso, si tal endoso debía suponer o no que todos los endosantes sucesivos son responsables solidariamente para con los sucesivos endosatarios en cuanto a la prestación contenida en el título, de modo que el poseedor de éste no satisfecho por el deudor principal (emitente del *stabilito,* vendedor original) puede dirigirse a su arbitrio contra cualquiera de aquéllos, y contra uno solo o contra varios, sin perder su derecho contra los demás. La doctrina más aceptable había llegado a la conclusión (tanto más justificada, en esta materia, para quien veía la presencia de un título de crédito *impropio)* de que si el endoso de cualquier título a la orden tiene por natural y necesario efecto el transferir la propiedad del mismo título y todos los derechos que le están incorporados, no puede decirse igualmente que siempre

---

7 Más recientemente en este sentido, Ferri: *ob. cit.,* págs. 27 y sigs., que se une al pensamiento de Vivante y de Ascarelli. «La inclusión de un determinado documento en la categoría de los títulos de crédito —observa textualmente Ferri— depende esencialmente de establecer si el documento tiene por la ley o por la voluntad del emitente aquel carácter de negociabilidad que es el propio de los títulos de crédito; es decir, si el documento no cumple solamente funciones de legitimación entre un sujeto y otro. Con tal que se den estos extremos, ninguna importancia tiene, a los fines de excluir al documento de la categoría de los títulos de crédito, la presencia de otras peculiaridades, estando su característica esencial puesta en su naturaleza de medios técnicos de circulación. Así, pues, no vale para excluir el carácter de título de crédito el hecho de que la prestación en él mencionada esté *subordinada a una contraprestación* por parte del poseedor del título, o aunque esté subordinada al cumplimiento de ulteriores condiciones. Son, por tanto, títulos de crédito la póliza de carga, el talón de transporte, el resguardo de depósito, como corrientemente se admite en la doctrina y el *stabilito* a la orden, a pesar de algunas dudas autorizadas, aun cuando en todos esos títulos la prestación esté subordinada al cumplimiento de una contraprestación.»
Como resulta evidente de un examen de las dos opuestas concepciones aludidas, sustancialmente la controversia sobre la naturaleza jurídica del *stabilito* solo es un reflejo de la controversia más general sobre el concepto y el preciso ámbito de los títulos de crédito verdaderamente tales, problema éste que no podría ser tratado con detenimiento en este lugar sin desorbitar los límites impuestos por este mismo trabajo.

deba tener, y tenga, en realidad, el efecto de hacer responsable solidariamente a cada endosante del cumplimiento, responsabilidad que solo debe admitirse en los casos en que se encuentre expresamente establecida por la ley o por una norma consuetudinaria que sustituya a ia ley. Ahora bien, en relación con los *stabiliti,* pone de relieve la doctrina que exponemos, no consta que se haya reconocido y comprobado nunca judicialmente una norma de tal naturaleza, y tampoco se encuentra el menor rastro de ella en los usos y costumbres[8].

Estos resultados de la doctrina anterior deben confirmarse -en nuestra opinión, tanto más en el nuevo sistema legislativo frente a la norma del artículo 2.012 del Código civil que precisa, para los títulos a la orden en general, que salvo diversa disposición de la ley, o cláusula contraria resultante del título, el endosante no está obligado por el incumplimiento de la prestación por parte del emitente. Nótese, además, que precisamente con particular alusión al mecanismo de los *stabiliti,* la exclusión de una garantía por parte del cedente (endosante) por el cumplimiento del contratante cedido (emitente del *stabilito)* surge claramente de la misma Exposición de Motivos ministerial (§ 642), que declara: «El cedente, a falta de un pacto expreso, está obligado a garantizar la existencia y la validez del contrato cedido, no el cumplimiento por el contratante cedido el principio ya ha sido aceptado por la doctrina y por la jurisprudencia *para el endoso de los stabiliti*».

La otra cuestión vivamente discutida en el derecho anterior, a propósito de los *stabiliti,* se refiere a la posición del primer comprador (endosante) frente al vendedor (emitente del título). A tal respecto una notable corriente doctrinal, bajo el imperio del Código de 1865, llegaba a la conclusión de que después del endoso del *stabilito* el primer vendedor, *a latere* del originario obligado a pagar el precio (endosante), adquiría un segundo obligado (el endosatario), con la facultad de actuar, a su voluntad, contra uno u otro de ambos[9].

---

8 TARTUFARI: *ob. cit.,* § 69, pág. 100, así como VIVANTE, SUPINO, DE SEMO, que allí se citan. En el mismo sentido, MESSINEO: *ob. cit.,* volumen II, pág. 245.

9 Así, por ejemplo, TARTUFARI: *ob. cit.,* § 70, pág. 101, observa textualmente: «No conviene olvidar que los *stabiliti,* títulos emitidos con ocasión de una compraventa, muy lejos de contener, como la letra de cambio, una mera promesa unilateral, contienen, en cambio, dos recíprocas obligaciones, cada una de las cuales representa la causa y el correlativo de la otra. Y puesto que si es lícito a cada uno el transferir a otro, sin el consentimiento del deudor, el propio crédito, no es igualmente lícito el liberarse, sin el consentimiento del acreedor, del propio débito, se deriva que el giro o endoso de dichos títulos, aun teniendo por efecto el atribuir al giratario el derecho de exigir la entrega de la mercancía, imponiéndole la obligación de presentarse a recibirla y pagar su precio al mismo tiempo, no puede valer nunca para eximir al girante de la obligación asumida ya a tal respecto con su vendedor. De ahí se sigue que en tales casos, bien por pacto expreso, bien por la misma naturaleza de las cosas, a la cesión yaya unida una delegación de pago del girante al giratario en beneficio del vendedor; delegación simple o imperfecta, y no novativa, en virtud de la cual al primer obligado se le añade un segundo, quedando el vendedor libre para actuar contra uno u otro de ambos.»

En nuestra opinión, cualquier duda a este respecto debe estimarse superada por el nuevo sistema legislativo, en el sentido de la completa liberación del endosante respecto al emitente. Y esto en virtud de la norma general del artículo 1.407, párrafo segundo, según el cual, si todos los elementos del contrato resultan de un documento en el que está incluida la cláusula «a la orden», u otra equivalente (como sucede, precisamente, en el *stabilito)*, el endoso del documento produce *la sustitución del endosatario en la posición del endosante.* Lo que está confirmado, además, por la Exposición de Motivos (§ 641), que después de haber puesto de relieve la necesidad del consentimiento del contratante cedido para que la cesión del contrato produzca en relación con él la liberación del cedente, declara netamente que dicho consentimiento liberatorio «puede ser dado también en el momento de pactarse el contrato, con el hecho de autorizar previamente su circulación y está implícitamente dado también si el contrato mismo se hace constar en un documento con cláusula a la orden. En el primer caso *la liberación se produce* en el momento en que se notifica la cesión al contratante cedido, o es aceptada por éste; en el segundo, en el *momento y por efecto del simple endoso".*

Por tanto, puede concluirse que en el nuevo sistema legislativo la redacción del contrato en un documento en que figure la cláusula «a la orden (como en el *stabilito),* al mismo tiempo que autoriza la circulación del contrato por medio del endoso, viene a ser interpretada legislativamente como implícito y previo consentimiento del contratante cedido a liberar respecto a él al endosante, en el momento y por efecto del simple endoso, aceptando la sustitución, a todos los efectos, del endosatario en la posición contractual constituida antes en la persona del endosante.

Deben recordarse aquí, en fin, las consideraciones hechas antes (n. 22) sobre la singularidad del endoso en cuestión, en el sentido de que mientras el endoso ordinario (es decir, la empleada para la circulación de un título a la orden) transfiere únicamente el derecho de crédito, el endoso del *stabilito* no solo transfiere al endosatario el conjunto de los elementos activos *ex contractu,* sino inseparablemente, también el conjunto de los interdependientes elementos pasivos, y, por tanto, junto a la cualidad de acreedor, la de deudor del contratante cedido; con la particular consecuencia de que si, por su parte el endosatario viniera a ser incumplidor, no podría exigir él la prestación al cedido.

24. Posibilidad de la cesión de contrato en la venta de herencia (arts. 1.542 y sigs. Código civil)

No son atendibles, en nuestra opinión, las razones por las que, bajo la vigencia del Código del 65, excluyó una tendencia doctrinal que la venta de herencia pueda de suyo suponer una cesión de los contratos (ya estipulados en vida del *de cuius* y transferidos al heredero enajenante a consecuencia de su aceptación de la herencia).

Se ha dicho, precisamente, a los fines de tal exclusión, que la venta de herencia al no producir para el adquirente ninguna asunción de las deudas que pueden existir en la herencia, no contiene en sí los presupuestos de una cesión de contrato, que debe realizarse con la adhesión a ella de los contratantes cedidos. Por tanto, a falta de un pacto especial—se añadía— el adquirente de la herencia adquirirá la titularidad de los créditos derivados de los contratos bilaterales y la de los otros derechos derivados de tales contratos, que normalmente corresponden al cesionario de únicamente los créditos: la titularidad de las relaciones contractuales, en cambio, continuará correspondiendo al heredero, a quien pertenecerán igualmente todos aquellos derechos y aquellas obligaciones que que lleva consigo la titularidad de tal.

Observemos inmediatamente, empero, que estas enunciaciones descansan sobre un equívoco que en otro lugar confiamos haber refutado por completo[10]: el equívoco de estimar que la venta de herencia sin especificación de objetos supone la transferencia del heredero al adquirente únicamente de los elementos patrimoniales activos, y no la de los elementos pasivos ya incluidos en el patrimonio del *de cuius.*

Apenas es necesario observar, naturalmente, que el problema solo se plantea en cuanto a la venta de herencia sin especificación de objetos (arts. 1.542 y siguientes: venta típicamente aleatoria), y no en cuanto a la venta de bienes hereditarios específicamente determinados, o en la cesión de créditos hereditarios singularmente determinados. En efecto, puesto que estas dos últimas figuras negociales están regidas por las normas ordinarias sobre la venta y sobre la cesión de créditos, no puede siquiera surgir respecto a ellas el problema de la cesión de los contratos (ya estipulados en vida del *de cuius* y transferidos al heredero como elementos del patrimonio hereditario). El problema surge, en cambio, en la venta de herencia sin especificación de objetos, es decir, sin precisar por parte de los contratantes unos determinados elementos patrimoniales activos y pasivos venidos al heredero a consecuencia de su sucesión al *de cuius,* y transferidos por el mismo heredero, globalmente (o en parte), al adquirente de la herencia.

Remitiéndonos directamente a nuestra monografía ya citada para la demostración de la tesis aquí sostenida[11], contra las tortuosas construcciones doctrinales que se han esforzado en vano en negar la transferencia de las deudas hereditarias a la persona del adquirente de la herencia, estimamos que podemos afirmar aquí las siguientes conclusiones: El análisis jurídico de la venta de herencia revela la *yuxtaposición* y la coordinación hacia un objetivo común (transferencia al adquirente del contenido patrimonial de la herencia, permaneciendo indeleblemente unida a la persona del enajenante la condición de heredero) *de dos negocios traslativos técnicamente ligados entre sí.* Más concretamente:

---

[10] Véase nuestra *Vendita di eredita,* en *Studi Senesi,* 1953, fascículos 1-2, § 7.
[11] *Ob. cit.,* § 15.

a) El negocio traslativo (según los casos, por el total de cada una de las relaciones hereditarias, o por una parte de ellas) de todas las relaciones patrimoniales activas llegadas al heredero enajenante a consecuencia de su sucesión al *de cuius.*

b) El negocio traslativo (también por el total de cada relación, o por solo una parte) de todas las relaciones patrimoniales pasivas llegadas igualmente al heredero a consecuencia de la sucesión citada.

Establecido esto, puesto que en la venta de herencia sin especificación de objetos el heredero enajena en bloque (en favor del adquirente) el contenido patrimonial de la herencia (contenido patrimonial del que forman parte también los contratos ya estipulados por el *de cuius,* transferidos al heredero y aun en curso de ejecución), y puesto que, como hemos afirmado, también los elementos pasivos patrimoniales se transfieren al adquirente de la herencia, ningún obstáculo se opone a admitir que la venta que examinamos lleve consigo la transferencia, al adquirente de la herencia, de los contratos ya estipulados por el *de cuius* y transmitidos *mortis causa* al heredero enajenante[12]. El adquirente de la herencia entrará, por tanto, en cada uno de tales contratos en la misma posición contractual ya adquirida *(iure sucessorio)* por el heredero, con tal que, ya se comprende, exista siempre y para cada uno de los contratos a transferir el consentimiento del contratante cedido (según el principio general del artículo 1.406).

Naturalmente, en la práctica ofrecerá un mayor relieve el esquema de cesión caracterizado por la liberación del cedente (heredero), aun cuando *in subiecta materia* nada obste tampoco, en la línea de los principios, a la aplicabilidad del otro esquema de cesión sin liberación (art. 1.408, párrafo segundo)

25. Cesión de la locación (art. 1.594 del C. c.)

La cesión del contrato de locación, expresamente prevista en el artículo 1.594, tiene su inmediato precedente legislativo en el artículo 1.573 del Código del 65, que disponía que el locatario tiene derecho a sublocar «*y ceder su locación a otro,* si tal facultad no se le ha vedado».

Puesto que la cesión del contrato no había recibido en el sistema anterior una expresa disciplina orgánica, estaba justificado la tarea de nuestra mejor doctrina que ponía de relieve que, aun a falta de tal disciplina, por lo menos en esta materia de la locación el legislador del 65, en el citado artículo había

[12] Para las variadas incidencias que la muerte de una de las partes puede tener sobre el contrato ya formado, cfr. MESSINEO: *Dottrina generale del contratto,* Milán, 1944, pág. 198, que observa en particular que cuando el contrato no es *intuitu personae,* o cuando la prestación consiste en un entregar o en un no hacer, no se resuelve el contrato. En tales casos, en efecto, el contrato se transmite, en general, al heredero del contratante difunto.

hecho una explícita referencia a la institución indicada. Y que debía estimarse totalmente injustificadas algunas interpretaciones restrictivas (encaminadas a desconocer en el supuesto a que se refería el citado artículo los extremos de una verdadera y propiamente dicha cesión del contrato de locación) frente a la indudable referencia legislativa a una integral transferencia del cedente (primer locatario), al cesionario (locatario sustituto) de los derechos y de las obligaciones derivadas al primero por el contrato de locación pactado[13].

El nuevo artículo 1.594, de todos modos, habla expresamente de «cesión del contrato», estableciendo textualmente: «El locatario, salvo pacto en contrario, tiene la facultad de sublocar la cosa locada, pero *no puede ceder el contrato* sin el consentimiento del locador. Tratándose de cosas muebles la sublocación debe ser autorizada por el locador, o estar autorizada por el uso.»

Sería superfluo detenerse aquí sobre los caracteres diferenciales entre sublocación y cesión de la locación, reunidos (pero no confundidos) en el artículo citado. Basta solamente con poner de relieve que la sublocación es un nuevo contrato de locación, que se pone *a latere* de la precedente locación (sin alterar la relación entre locador y locatario), nuevo contrato en el cual el primitivo locatario se convierte a su vez en locador (sublocador) respecto a un tercero (sublocatario). En cambio, la cesión de la locación es una verdadera y propia cesión del contrato, en virtud de la cual un tercero (cesionario de la locación) viene a entrar en la total posición contractual del locatario primitivo, y, por tanto, en los derechos y las obligaciones de este último derivadas del contrato de locación y respecto al locador contratante cedido)[14].

Tratándose aquí de una verdadera y propia cesión de contrato apenas es del caso observar que también esa cesión, según las normas generales, no puede perfeccionarse más que a base de la reunión de los consentimientos de

---

[13] Sobre el estado de la cuestión en el derecho anterior, cfr. PULEO: *ob. cit.*, págs. 84 y sigs., así como la doctrina y la jurisprudencia allí citadas. FONTANA; *ob. cit.*, § 11, pág. 186.

[14] No podemos estar de acuerdo, por tanto, con GIANNATTASIO: *Commentario del Codice civile. Obbligazioni. Contratti speciali* (a cargo de D'Amalio y de Finzi), Florencia, 1948, pág. 288, que afirma que en la cesión del arriendo *se extingue* la relación entre el arrendador y el primitivo arrendatario y es sustituida por otra relación entre el arrendador cedido y el nuevo arrendatario. Destacamos que no se está ya en presencia de una hipotética *extinción* de la relación primitiva, sustituida por otra. Es evidente, en cambio, la objetiva continuación de la primitiva relación, respecto a la cual se ha verificado, por efecto de la cesión del arriendo, una sucesión a título particular por parte del cesionario (que entra a ocupar la compleja posición contractual originariamente constituida en la persona del arrendatario cedente).
Por las razones ampliamente desarrolladas en su lugar (cap. II), aún es menos posible aceptar otras enunciaciones de este autor *(ibídem,* pág. 289), que volviendo, en nuestra opinión, a una concepción atomística de la cesión del contrato, ya superada hoy, cree explicar la transferencia de las obligaciones *ex contractu* excluyendo «una sucesión en la deuda», pero sobre la base de «una asunción de la deuda no privativa, sino acumulativa; esto es, una delegación imperfecta que no supone novación».

los tres sujetos interesados (como destaca el mismo artículo 1.594), y en particular en virtud del consentimiento del locador primitivo que lógicamente debe ser puesto en condiciones de valorar si la proyectada cesión puede perjudicar o no sus intereses.

Diversa orientación ha sido la seguida por el legislador del 42 en materia de sublocación de *inmuebles,* la cual, y como principio, ha sido consentida sin más al locatario *sin necesidad del consentimiento* del locador primitivo, a no ser que éste, con pacto contrario, la haya prohibido[15]. En cambio, tratándose de muebles, la sublocación debe ser autorizada por el locador, o consentida por el uso. La razón de esa orientación del Código de 1942, informado por una discriminación entre bienes muebles a inmuebles, debe buscarse, según la Exposición de Motivos (§ 695) en la consideración de que el contrato de locación, por lo general, incluso respecto al locatario, no se celebra *intuitu personae* (pero esta declaración, ¿está al unísono con la realidad económico-jurídica, especialmente de los últimos años?) En cambio, y siempre según dicha Exposición, la consideración de la persona del locatario, y en particular el grado de habilidad y de diligencia de este último, domina la locación de cosas muebles: éstas son de fácil deterioro y es oportuno que el locador juzgue previamente sobre las condiciones de diligencia de quien debe gozar ese bien en calidad de locatario, y en quien únicamente puede tener expresa confianza.

Volviendo, de todos modos, a la cesión de la locación que más directamente nos interesa aquí, importa destacar que, encuadrándose en el esquema más general de la cesión de contrato a que se refieren los artículos 1.406 y siguientes, también en materia de locación pueden existir dos hipótesis de figuras fundamentales de cesión: la cesión con liberación del cedente, es decir, del locatario primitivo respecto al locador (contratante cedido); y la cesión sin dicha liberación, en correspondencia con las dos figuras previstas respectivamente en el primero y segundo párrafo del artículo 1.408. Naturalmente, también *in subiecta materia* deberá estimarse que la liberación del cedente constituye un *naturale negotii,* en relación siempre con los presupuestos del citado art. 1.408[16]. También en materia de locación es posible que una parte consienta previamente en la cesión del contrato, y en tal caso encontrará aplicación la norma general del artículo 1.407, párrafo primero.

---

15 Sin embargo, como ya es sabido, la eficacia de las prohibiciones contractuales de subarriendo contenidas en los contratos de alquiler de viviendas está en suspenso por el R. D. L. 25 enero 1943, número 162; por los arts. 13 a 16 del D. L. L. 12 octubre 1945, n. 669, y por el art. 5 del D. L. C. P. S. 23 diciembre 1947, n. 1.461. Durante la impresión de este libro se ha dictado la ley 23 mayo 1950, n. 253 (que contiene disposiciones para el arriendo y subarriendo de inmuebles urbanos), que en su art. 24 ha prorrogado hasta el 31 diciembre 1951 esa suspensión de eficacia de las prohibiciones aludidas.

16 En sentido conforme, GIANNATTASIO: *ob. cit.,* pág. 288, el cual, a los fines de la liberación, destaca que no es necesaria una explícita manifestación de voluntad del arrendador en tal sentido bastando el simple consentimiento del arrendador a la cesión.

En cuanto a la disciplina general de cada una de las figuras precitadas, así como de las relaciones recíprocas entre las tres esferas patrimoniales interesadas, se pueden repetir aquí consideraciones completamente análogas a las expuestas en la primera parte, a la que nos remitimos.

26. Cesión del arrendamiento de naves y aviones (arts. 378 y 939 del Código de la Navegación)

Para comprender en su totalidad la figura de cesión de contrato considerada en el artículo 378 del Código de la Navegación es preciso, en primer lugar, detenerse un momento sobre los esenciales caracteres del contrato de arrendamiento de la nave, en relación con la reforma legislativa efectuada por el Código precitado en el sistema de los contratos de utilización de la nave.

Según la fórmula legislativa (art. 376 del Código de la Navegación) hay arrendamiento de nave cuando una de las partes se obliga a permitir que la otra goce durante un determinado tiempo de la nave, a cambio de un determinado precio. Brota aquí la separación entre las dos figuras de propietario y de armador de la nave, entre propiedad y armamento. En efecto, la empresa de *navegación,* o ésta y la empresa de *transporte*[17], más bien que por el propietario son asumidas aquí por un tercero, el arrendatario-armador (el cual asume, precisamente, el empleo de la nave). El. arrendador no es armador, y si anteriormente lo era, deja de serlo con el arriendo, mientras que la utilización de la nave es asumida por el arrendatario. Nótese, por otra parte, que la figura del armador no propietario está prevista y regulada por normas expresas del Código de la Navegación (arts. 265, 272).

El negocio de arrendamiento de la nave está caracterizado por la transferencia de la posesión de la nave al arrendatario, el cual se ha asegurado el goce, es decir, el uso por su propia cuenta y riesgo para un determinado fin (que, por lo general, es el empleo de la nave en la navegación, dentro de los límites resultantes de las características técnicas de la nave y de los pactos contraídos)[18].

La navegación se efectúa, evidentemente, por cuenta y bajo la responsabilidad del mismo arrendatario-armador.

El arrendamiento puede referirse a solo el goce de la nave (arrendamiento a casco desnudo o *imbrago)* o al goce de la nave armada y equipada, es decir, provista de los aparejos, arreos e instrumentos, así como del per-

---

[17] Sobre los conceptos de empresa de navegación en sentido técnico y de empresa de transporte en sentido estricto, y teniendo en cuenta el vigente sistema legislativo, cfr. BRUNETTI: *Manuale del diritto della navigazione marittima e interna,* Padua, 1947, pàgs. 190 y sigs. FERRARINI: *Y contratti di utilizzacione della nave e dell'aeromobile,* Roma, 1947, pàgs. 17 y sigs.

[18] Cfr. FERRARINI: *ob. cit.,* pág. 24.

sonal necesario para su empleo en la navegación (arrendamiento de nave armada y equipada).

También este último arrendamiento es locación de cosa; locación cualificada, empero, por la transferencia al arrendatario de los contratos de enrolamiento del personal estipulados por el arrendador[19], teniendo presente que tal personal (comandante y tripulación) pasa a depender del arrendatario. A consecuencia de la entrega de la nave (como advierte la misma Exposición de Motivos, núm. 224) se produce siempre una transferencia posesoria del arrendador al arrendatario, que asume el carácter de armador responsable (art. 269), tanto si ha procedido a nombrar personalmente el comandante y elegir la tripulación (arrendamiento de nave desarmada), como si han pasado a depender de él el comandante y la tripulación ya nombrados por el arrendador (arrendamiento de nave armada).

El contrato de arrendamiento debe constar por escrito; sin embargo, no se exige la prueba escrita para el arrendamiento de naves menores y de embarcaciones de tonelaje bruto no superior a diez toneladas, si son de propulsión mecánica, o a las veinticinco en otro caso (art. 337). El arrendador está obligado a entregar la nave con las respectivas pertenencias, en *estado de navegabilidad,* y provista de los documentos necesarios para la navegación, no menos que a proveer a todas las reparaciones debidas a fuerza mayor o al desgaste por el uso normal de la nave, según el empleo pactado (art. 379, por analogía con los arts. 1.575 y 1.576 del C.c.). El arrendador es responsable, además, de los daños derivados de defectos de navegabilidad, a menos que pruebe que se trata de vicio oculto no apreciable por la normal diligencia (art. 380).

Las obligaciones del arrendatario se compendian así: hacerse cargo de la nave en el tiempo y el lugar convenido (o por él designado, si se ha reservado esa facultad en el contrato); servirse de la nave con diligencia, según las características técnicas resultantes del certificado de navegabilidad, y de acuerdo con el empleo pactado (art. 381); pagar el precio convenido (que en la práctica se hace por mensualidades adelantadas, en general en el domicilio del arrendador, o en un Banco designado por él); devolver la nave al arrendador al término del arrendamiento.

Estas premisas son suficientes para aclarar la figura de la cesión de arriendo prevista por el artículo 378 del Código de la Navegación. Aunque la hipótesis normal es que el arrendatario sea quien emplea la nave en la navegación, asumiendo el ejercicio de la empresa, y consiguientemente la condición de armador, puede suceder, sin embargo, que el arrendatario prefiera subarren-

[19] Cfr. a este propósito la Exposición de Motivos, n. 226. BRUNETTI: *ob. cit.,* pág. 192. FERRARINI: *ob. cit.,* pág. 26, en lo que se refiere al art. 347 Cód. de la Naveg., que dispone la continuación del contrato con el «nuevo armador», salvo el derecho del enrolado a pedir la resolución.

dar la nave o ceder el contrato de arrendamiento a un tercero. El arrendatario subarrendador o cedente no lleva a cabo una empresa de navegación y, por tanto, no se convierte en armador; en cambio, se convertirá en armador el subarrendatario o cesionario del contrato de arriendo si emplea la nave en la navegación[20].

Sería superfluo indagar aquí sobre el subarriendo de nave, el cual, como ya se sabe, es un contrato de arriendo en sí mismo, mediante el cual el arrendatario se convierte en arrendador (subarrendador) de la nave tomada en arriendo (por lo que la regulación del contrato está modelada, en cuanto a los principios, sobre la del arrendamiento, con la aplicación, en particular, del artículo 1.595 del Código civil a las relaciones entre el primer arrendador y el subarrendatario).

En cambio, en cuanto interesa más directamente a nuestro tema, importa destacar que la cesión de arrendamiento de nave configura una verdadera y propia cesión de contrato, en virtud de la cual un tercero (cesionario) viene a entrar en la total posición contractual del arrendatario (cedente), asumiendo los derechos y obligaciones de este último, derivadas del contrato de arrendamiento con e arrendador (contratante cedido): derechos y obligaciones que se acaban de indicar brevemente. No debe llevamos en esto al error, la fórmula (ciertamente no completa) del artículo 378 del Código de la Navegación, que hablando de cesión de los «derechos derivados del contrato», parece *prima facie* aludir únicamente a la cesión de los elementos activos *ex contractu.* Como lo confirma también el mismo epígrafe del artículo citado, se está en presencia de una verdadera y propia cesión técnica del contrato de arrendamiento, que tiene cabida en el esquema general de los artículos 1.406 y siguientes del Código civil.

Naturalmente, *in subiecta materia,* también para el perfeccionamiento del negocio de cesión es imprescindible el consentimiento del arrendador cedido, requisito expresamente reafirmado por el citado artículo 378. Por tanto, si ese consentimiento hubiera sido dado previamente por el arrendador, volverá a ser aplicable aquí el principio de que la sustitución del cesionario al arrendatario es eficaz respecto al arrendador desde el momento en que le sea notificada a éste, o en que este último la haya aceptado (art. 1.407 C. c.).

Para la cesión del arrendamiento de nave debe notarse, en particular, el requisito formal exigido por el párrafo segundo del artículo 378, que extiende a la forma del contrato de subarriendo y al de cesión lo dispuesto por el ya examinado artículo 377.

Debe destacarse, en fin, que las consideraciones hechas hasta aquí para la cesión del arriendo de nave deben repetirse también para la cesión de arrien-

[20] Cfr. FERRARINI: *ob. cit.,* pág. 25.

do de aviones, ya que el artículo 939 del Código de la Navegación extiende en bloque para el arriendo de los aviones las normas dictadas para el arriendo de la nave (y, por tanto, también la norma del artículo 378).

27. Cesión del contrato de fletamento de nave y de avión (artículos 394 y 939 del Código de la Navegación)

También para atender por completo la figura de cesión prevista en el artículo 394 del Código de la Navegación, es preciso aclarar, previa y sintéticamente los presupuestos y los caracteres particulares del contrato de fletamento, según la reciente reforma legislativa; interesando aquí, de modo particular, diferenciar tal contrato del de arriendo de nave y del contrato de transporte.

El fletamento es el contrato por el cual el armador, a cambio del flete pactado, se obliga a realizar con una nave determinada, uno o más viajes preestablecidos, o bien, dentro del tiempo convenido, los viajes ordenados por el fletador con las condiciones establecidas por el contrato o por el uso (art. 384). De esta definición legislativa emergen los caracteres fundamentales del contrato de fletamento, tal cual ha sido dibujado por el nuevo código.

a) El fletante o naviero es siempre armador, es decir, siempre es titular de la empresa de navegación: el fletamento, por tanto, va unido al ejercicio de la empresa de navegación. Queda, pues, destacada inmediatamente una diferencia esencial entre arriendo de nave, incluso armada y equipada, y el fletamento de nave armada y equipada. En el arriendo, la posesión de la nave pasa al arrendatario, que se convierte en armador; en cambio, en el fletamento el propietario de la nave sigue siendo armador como empresario de la navegación, y conserva la posesión de la nave.

b) Mientras en el arriendo de nave armada y equipada la prestación incluida en el contrato por parte del arrendador es permitir el *goce* de la nave armada (lo que supone la cesión de los contratos de enrolamiento de la tripulación), en el fletamento, por el contrario, la prestación a que se obliga el fletante o naviero consiste en la *realización de uno o más viajes,* con una nave determinada, es decir, consiste en la *navegación de la nave convenida.* Más precisamente, la navegación de la nave viene prestada por el fletante al fletador como resultado complejo de su organización naviera y de armador, como servicio de su empresa a la navegación. Se trata, en resumen, de la prestación de una *obra,* no de obras, y menos aún de cosa[21].

La determinación de la nave es un elemento destacado para todo el desarrollo de la relación, en cuanto que el fletante está obligado a realizar la navegación o el viaje en *aquella nave* y no en otra (prestación de especie y no de

[21] Cfr. FERRARINI: *ob. cit.,* pág. 13, y doctrina allí recogida.

género); una vez determinada la nave no puede ser sustituida, salvo la posibilidad de distintos pactos entre las partes.

c) El contrato de fletamento se presenta en dos figuras: el fletamento a viaje y el fletamento a tiempo. En el primero se establecen previamente por el contrato el viaje o viajes que el fletante está obligado a realizar; en el segundo, se establece el tiempo de duración del fletamento, dejándose al fletador el derecho de ordenar —en las condiciones establecidas— los viaj.es que la nave debe efectuar. La distinción es importante también en el aspecto de la prestación debida por el fletador, esto es, del cálculo del flete, que se computa de modo diverso en uno y otro caso.

d) Mientras en el arriendo de nave la relación de dependencia de la tripulación, y en particular del comandante, se transfiere del arrendador al arrendatario, en el fletamento, por el contrario, comandante y tripulación permanecen bajo la dependencia del fletante (que, como ya se sabe, sigue siendo armador). Se reconoce, sin embargo, al fletador el derecho de dar órdenes al comandante, dentro de los límites del fletamento, para el empleo comercial de la nave y para la formalización de las pólizas de carga (art. 393 del C. de la N.), utilizando, además, a tal fin a los otros miembros de la tripulación. En efecto, el fletador a través de la navegación de la nave asegurada con el contrato de fletamento, ejercita una empresa propia, normalmente de transporte; para el ejercicio de tal empresa necesita la colaboración del comandante, y eventualmente de los otros miembros de la tripulación.

e) Respecto al contrato de *transporte (locatio operis,* en cuanto que el transportista se obliga a prestar el *opus* del transporte), el fletamento se diferencia de él por la naturaleza de la prestación establecida en el contrato: mientras en el primero tal prestación consiste en el transporte (es decir, en la entrega en el punto de destino de la carga, o en el transporte de personas de un lugar a otro con una nave o un avión), en el fletamento la prestación consiste en la navegación de la nave (realización de uno o más viajes). La distinción va unida al diferente objetivo económico de la empresa ejercida. La empresa del fletante tiene por objeto la navegación de la nave, independientemente de los objetivos (económicos) posteriores y variables que con la navegación pueden ser perseguidos; en efecto, el fletador puede servirse del viaje o los viajes dé la nave con fines diferentes al transporte (de mercancías o de personas), como son operaciones de pesca, de recuperación, de trabajos científicos, etc. Mientras el contrato de fletamento expresa, por tanto, la fase de ejercicio de la empresa de navegación, los contratos de transporte marítimo son típicos de la asunción de una empresa de transporte en sentido estricto[22].

El contrato de fletamento debe hacerse constar por escrito, y la escritura debe contener los elementos indicados en el artículo 385 del Código de la Navegación.

---

[22] Cfr. BRUNETTI: *ob. cit.,* pág. 207.

Entre las *obligaciones del fletante* destaca la de poner la nave a disposición del fletador en estado de navegabilidad, para que se realice el viaje convenido, armada y convenientemente equipada, provista de los documentos prescritos. El fletante es responsable de los daños que se deriven de un defecto de navegabilidad, a menos que pruebe que se trata de un vicio oculto no advertible con la diligencia normal (art. 386).

En particular, el compromiso del armador a proporcionar el trabajo de la tripulación (que, enrolada y pagada por el armador, como ya se ha indicado antes, no entra en relación *directa* de servicio con el fletador, autorizado, sin embargo, a dar a la tripulación las órdenes antes mencionadas) está configurado como *promesa de actos de tercero* (art. 1.381 C. c.), de cuyos servicios responde el armador, y, por tanto, de los daños que puedan provenir de la falta de esa prestación.

En cuanto a las *obligaciones del fletador,* mientras que el artículo 387, en el fletamento a tiempo, pone a su cargo algunos gastos determinados inherentes a la ejecución de los viajes efectuados por su cuenta (combustible, agua, lubrificantes., gastos inherentes al empleo mercantil de la nave, etc., etc.), el artículo 388 le impone una directiva sobre el empleo de la nave. Precisamente el fletador a tiempo no está obligado a emprender un viaje que exponga la nave o las personas a un peligro no previsible en el momento en que te pactó el contrato; de igual modo, no está obligado a emprender un viaje cuya previsible duración exceda considerablemente, en relación con la duración del contrato, el plazo de caducidad del mismo contrato. En cuanto a la fundamental obligación del fletador de pagar el flete al fletante o armador, como contrapartida de la utilización de la nave, nos remitimos a los artículos 390 a 393[23].

Las consideraciones hechas hasta aquí nos abren la puerta para iluminar la figura de cesión del contrato que se considera por el artículo 394 del Código de la Navegación. Aun cuando el epígrafe del citado artículo se titule «subfletamiento y *cesión del contrato*», el texto del artículo, en cuanto se refiere en particular a esta última[24], declara que «en caso de *cesión total o parcial de los derechos* derivados del contrato el fletador permanece responsable para con el fletante respecto a las obligaciones asumidas con el contrato de flete». De la lectura de tal artículo, en especial si se le relaciona con el epígrafe indicado, que habla de cesión técnica del contrato de flete, no se puede menos de quedar perplejo, porque literalmente el texto del artículo en cuestión, de modo diverso al epígrafe, parece referirse a la cesión únicamente de los derechos, de los elementos activos *ex contractu,* y no la cesión técnica del contrato de flete. Las

---

[23] Sobre los diversos modos de fijar el flete, a tiempo o a viaje, cfr. FERRARINI: *ob. cit.,* págs. 60 y sigs.

[24] Prescindimos aquí del subfletamento porque no afecta directamente a nuestro tema. Para las divergencias y dudas sobre este punto, cfr. FERRARINI: *ob. cit.,* pág. 43, que, entre otras cosas, llega a pensar en una formulación poco exacta del art. 394.

perplejidades son tanto mayores cuando se considera que si se refiriese a la cesión únicamente de los derechos *ex contractu,* el artículo, además de estar en contraposición con el epígrafe, sería una verdadera superfluidad, en cuanto que jamás se ha dudado que en la cesión única de los derechos el cedente permanece siempre vinculado por sus obligaciones *ex contractu* respecto al cedido (que aquí es el fletante).

Pensamos, por tanto, que estamos en presencia de una inexacta formulación del artículo en cuestión, y que la intención del legislador, claramente revelada en el epígrafe, haya sido la de referirse a la verdadera y propia cesión del contrato de flete, fijando como línea general el principio de que la cesión de tal contrato, normalmente, debe ser referida no al esquema general previsto en el artículo 1.406 del Código civil (cesión con liberación del cedente en sus obligaciones *ex contractu* para con el cedido), sino al esquema del artículo 1.408, párrafo segundo, que se distingue por la falta de esa liberación[25].

Todas estas consideraciones hechas respecto a la cesión del contrato de flete naval son referibles igualmente a la cesión del contrato de flete de aeronaves, ya que el artículo 939 del Código de la Navegación se refiere en bloque, para el flete de las aeronaves, a los artículos 384 a 395 (y, por tanto, también a la norma contenida en el art. 394).

28. Cesión del contrato de arrendamiento (art. 1.624 Código civil). La prohibición de cesión de los contratos de arrendamiento rústico (D. L. L. 5 abril 1945, núm. 156)

Otra hipótesis de cesión del contrato expresamente prevista por el legislador del 42 es la cesión del contrato de arrendamiento de bienes destinados a la producción (*affito)* (según los términos del art. 1.624 Cód. civ.). Hipótesis que en el estado de la legislación vigente puede configurarse para todos los bienes productivos que no sean los fundos rústicos (por ejemplo: cosas muebles), porque para éstos la cesión está vedada por el D. L. L. arriba citado, que examinaremos dentro de poco.

Establecido esto, y prescindiendo por el momento del arrendamiento de los bienes rústicos, el artículo 1.624 del Código vigente establece que el arrendatario no puede subarrendar la cosa sin consentimiento del arrendador: *la facultad de ceder el arriendo* comprende la de subarrendar; la facultad de subarrendar no comprende la de ceder el arrendamiento. Es conveniente observar, en primer lugar, que, según los principios informativos de la legislación vigente, la razón por la cual el arrendatario (a diferencia de cuanto está estable-

---

25 También Brunetti: *ob. cit.,* pág. 205, ve aquí una cesión del contrato. Análogamente, Lefevbre, D'Ovidio y Pescatore: *Manuale di diritto della navigazione,* Milán, 1950, pág. 242. Opinamos con estos últimos que, en general, el fletante puede declarar liberado al fletador cedente.

cido para el subarriendo de inmuebles: art. 1.594, párrafo primero) no puede subarrendar la cosa sin el consentimiento del arrendador es que en materia de arriendo de un bien productivo se toma en consideración el *intuitus* de la persona del arrendatario, con especial consideración a su grado de habilidad y de diligencia. Según el vigente sistema legislativo, el goce de un bien productivo constituye, al mismo tiempo, el objeto de un derecho y de un deber. Como lo dice la Exposición de Motivos (§ 687), el deber está colocado no solo respecto al arrendador, sino también respecto a la colectividad interesada en que las cosas productivas den el máximo rendimiento. Puesto que el goce de un bien productivo se compone del indicado poder-deber, la persona del obligado, tratándose de deberes, no es sustituible sin el consentimiento del acreedor (§ 695).

Bastan estas consideraciones en cuanto al párrafo primero del artículo examinado. Pero reviste mayor interés para nuestro tema el párrafo segundo (la facultad de ceder el arrendamiento comprende la de subarrendar; la facultad de subarrendar no comprende la de ceder el arriendo). Esta norma se justifica considerando que al conceder implícitamente la facultad de ceder el arriendo, implícita, pero unívocamente, manifiesta el arrendador su consentimiento a que la cosa arrendada pase en goce del arrendatario a un tercero (y, por consiguiente, también a un subarrendatario); en cambio, si el arrendador se limita a consentir únicamente la facultad de subarriendo (que deja permanente la relación original contractual entre arrendador y arrendatario y no perjudica los derechos del primero respecto al segundo), no puede decirse que en ese consentimiento esté incluido también aquel de la cesión del arriendo, es decir, el consentimiento a que el arrendatario pueda salirse del contrato primero, y quedar sustituido (sea en los derechos, sea en las obligaciones para con el arrendador) por el cesionario.

Por otra parte, también a los fines de la cesión del contrato examinado, el consentimiento del contratante cedido (arrendador) aparece como evidentemente imprescindible, en cuanto que no puede desconocerse al arrendador precitado el derecho de valorar si el indicado cambio de la otra parte contractual puede perjudicar eventualmente sus legítimos intereses.

La figura de cesión, considerada casi de refilón y en contraposición al subarriendo en el segundo párrafo del artículo 1.624, se refiere, evidentemente, al esquema ordinario de la cesión de contrato prevista en los artículos 1.406 y siguientes del Código civil. Siguiendo tales normas generales, debe estimarse que la cesión del arriendo es configurable, bien sobre la base de una completa liberación del cedente para con el arrendador, bien aparte de tal liberación[26].

---

[26] La posibilidad de ambas configuraciones de cesión es admitida también ampliamente por Carrara: *I contratti agrari*, Turín, 1946, págs. 180 y sigs. Empero, a propósito de las relaciones entre los tres sujetos de la cesión del contrato de alquiler, se habla allí (págs.

De suerte que, en esta última hipótesis, el arrendador originario podrá obrar contra el mismo cedente (según los términos del art. 1.408, párrafos segundo y tercero) siempre que el cesionario no cumpla las obligaciones asumidas.

Esto en cuanto se refiere al originario sistema del Código civil del 42. Como hemos señalado poco antes, tal sistema, empero, ha sido modificado, aunque de modo limitado al arrendamiento de fincas rústicas, por el vigente D. L. L. de 5 de abril de 1945, número 156, que en el artículo 1.° establece en términos generales que *queda prohibida toda forma de contrato de cesión de arrendamiento,* de subarriendo y de cualquier modo de subconcesión *de los fundos rústicos*[27]; los contratos estipulados en contra de tal prohibición son nulos. Aunque tal Decreto (dado en virtud del D. L. L. de 25 de junio de 1944, núm. 151, que faculta al Gobierno para dictar normas jurídicas) no contenga la declaración expresa de la derogación de los artículos 1.624 y 1.649 del Código civil, debe estimarse que se ha producido tal derogación por incompatibilidad entre las nuevas disposiciones (que prohíben cualquier forma de los contratos indicados referentes a fincas rústicas) y las anteriores (que consentían tales contratos, naturalmente con el consentimiento del arrendador).

Circunscribiendo aquí nuestro examen a la cesión de arriendo que más directamente interesa a nuestra investigación, destacamos que de la contravención de la prohibición establecida por el artículo 1.° del Decreto citado se deriva una doble sanción, que más precisamente es ésta: *a)* la *nulidad* del contrato estipulado contra aquella prohibición, es decir, la nulidad del contrato de cesión del arriendo (art. l.°, párrafo segundo); b) la *resolución de derecho* (art. 2.°) del mismo contrato de arriendo sobre el que se ha pactado la prohibida cesión; resolución que actúa según los términos preestablecidos en el mismo Decreto y que varían en relación con la que habría sido la caducidad ordinaria de los contratos particulares de arriendo.

Y por el párrafo segundo del artículo 2.° se ha dictada una disposición especial referente a los cultivadores directos.

Se observó a su tiempo (Carrara) que la ausencia en el Decreto de una declaración expresa de derogación de los artículos 1.624 y 1.649 del Código civil significa que el mismo Decreto no contiene una disciplina definitiva de la delicada materia, sino únicamente normas temporales con vigencia hasta el

---

182-83) de una delegación acumulativa y de novación. Pero, según se ha observado ya en momento oportuno (cap. II), la estructura unitaria de la cesión del contrato (cual brota de los arts. 1.406 y sigs.) tiene una disciplina autónoma que no consiente ser referida a la delegación y a la novación.

[27] Sobre el alcance de tal prohibición, cfr. Sent. Apelac. Milán 11 febrero 1949, en *Foro Italiano.* 1949, nn. 13-16, I, pág. 791, según la cual: «El contrato de *submezzadria* de una finca explotada en *mezzadria* no está afectado por la sanción de nulidad contenida en el art. 1 del D. L. L. 5 abril 1945, n. 156, porque no viola la prohibición de cesión del arriendo, subarriendo y, en cualquier forma, subconcesión de fincas rústicas.»

momento en que se dicten otras normas modificativas del Código civil. Esta observación tiene más razón ahora en que los competentes órganos legislativos están discutiendo el proyecto de reforma de los contratos agrarios; proyecto que, lógicamente, no podrá menos de disciplinar definitivamente también esta materia específica que es de importancia fundamental para nuestra economía productiva.

29. Cesión de los contratos de «mezzadria» y de «colonia parziaria» (arts. 2.149, 1.269 Cód. civ.)[a]

Cuando, teniendo en cuenta la norma del artículo 2.149 para la *mezzadria* (y análogamente, para *la colonia parziaria,* el art. 2.169), se habla en algún sector doctrinal de *incedibilidad del contrato por voluntad de la ley* surge una duda natural, es decir, si tal cualificación responde verdaderamente a la efectividad real jurídica. Se ha precisado más bien por la indicada orientación doctrinal que dicha incedibilidad no debería entenderse en el sentido de que sea una norma de orden público (y por tanto inderogable) que prohíba la cesión del contrato, sino que debería entenderse en el sentido de que *sin el consentimiento del otro* un contratante no puede hacerse sustituir por un tercero en su lugar. Pero entonces es lícito preguntar: ¿cuál es la diferencia con los contratos típicamente cedibles, y en particular cuál es aquel contrato «cedible» en el que, *de iure condito,* se pueda prescindir del encuentro, simultáneo o sucesivo, de los tres consentimientos del cedente, del cesionario y del cedido? En sustancia, nos parece que la .afirmada incedibilidad *ex lege,* en concreto, acaba casi por volatilizarse cuando la orientación doctrinal indicada concluye admitiendo que el principio de la incedibilidad, *más que poner una prohibi-*

---

[a] También aquí dejamos en italiano los términos de *mezzadria* y de *colonia parziaria,* aun conociendo que se han traducido por los vocablos españoles «aparcería» y «colonato parciario» en el *Boletín de Legislación Extranjera,* al publicar en castellano el Libro V del Cod. civ. italiano.
No nos decidimos por esta traducción, ni por otras como la de «mediería» y «aparcería) respectivamente, propuesta y empleada por don Alejo Leal en la *Rev. de Estudios Agro-Sociales,* en su número de octubre-diciembre de 1954, porque ambas pueden dar lugar a equívocos.
Sin duda, la *mezzadria* es una aparcería; pero de una forma especial caracterizada, no porque ambos contratantes «vayan a medias», en cuyo caso sería ajustada y exacta su traducción por «mediería» (pues pueden existir en otra proporción que no sea por mitades.), sino porque quien aporta la finca rústica contrata su explotación con un jefe o cabeza de una familia, de modo que esta parte contratante no es ese cabeza individualmente, sino toda la familia colónica, compuesta por personas que pueden incluso no formar parte de la familia natural y directa.
En cuanto *a la colonia parciario,* se parece más de cerca a nuestra «aparcería» sin duda; pero si empleáramos ese término, podríamos inducir a error, dadas las traducciones más corriente. Sin olvidar que, tanto en esta figura como en la *mezzadria,* la dirección de la explotación corresponde al que aporta la finca; lo cual no sucede siempre en nuestra «aparcería» en cualquiera de sus formas.

ción de la ley, quiere ejercer sobre las partes *una especie de sugestión* a no dar lugar a la cesión en vista de la peculiaridad de la relación (*intuitus personae* del cultivador) .

Pero si se prescinde aquí de cuestiones acaso más que nada terminológicas, interesa destacar que también quien habla de incedibilidad de la *mezzadria* (y de la *colonia parziaria)* con el particularísimo significado arriba recordado (y sobre el que hemos formulado nuestra reserva) tiene cuidado de advertir que se trataría, en todo caso, de una incedibilidad operante *ex uno latere,* es decir, a cargo únicamente del *mezzadro* o del colono, porque quien concede estos contratos puede ceder ese contrato de *mezzadria* o de colonato enajenando la propiedad o el goce de la finca (hipótesis éstas en las que el contrato de *mezzadria* o de *colonia parziaria continua* según los términos de los arts. 2.160 y 2.169 del Código civil, según puede verse más adelante, en el núm. 38).

Siguiendo las consideraciones hechas anteriormente resulta fácil el significado de la norma contenida en el artículo 2.149, según la cual el cultivador no puede ceder la *mezzadria* ni arrendar a otros el cultivo sin el consentimiento del que le cedió la finca en *mezzadria.* La cesión, como orientación legislativa, más bien que propiamente vedada, está aquí, como principio más que otra cosa, desaconsejada. De todos modos, una vez que exista el consentimiento del que concedió la *mezzadria,* la cesión de ésta supone que otro sujeto entra en la posición contractual del cultivador, en todos sus derechos y obligaciones *ex contractu,* respecto al que dio en *mezzadria.* En concreto, una familia colona vendrá a colocarse en el lugar de la precedente, y es natural que el concedente de la *mezzadria* solo prestará su consentimiento a la cesión cuando haya podido comprobar que el nuevo cultivador y su familia ofrezcan garantías de idoneidad.

Análogas consideraciones deben hacerse para la cesión por parte del colono del contrato de *colonia parziaria,* teniendo siempre presente la remisión formulada por el artículo 2.169. El esquema de cesión prácticamente más importante en esta materia parece ser el de la cesión con liberación del cedente (incluso por su mayor simplificación de las relaciones entre las tres esferas patrimoniales interesadas).

De la cesión del contrato de *mezzadria* debe distinguirse también la otra figura (prevista por el mismo art. 2.149) de confiar a otros el cultivo de la finca. En este caso no hay sustitución de un nuevo arrendatario al anterior, en cuanto que la relación de *mezzadria* continúa siempre inalterada entre el que da la finca en esta forma y el primitivo cultivador; sin embargo, este último consiente que un tercero cultive por entero o en una parte la finca, con las mismas condiciones pactadas entre aquéllos (y debiendo responder el cultivador ante el que dio la finca en *mezzadria* del entero cultivo de la hacienda).

30. Cesión del contrato constitutivo de enfiteusis (arts. 965 y 967 Cód. civ.)

Una especial consideración exige la posible cesión del contrato constitutivo de enfiteusis cuando el enfiteuta disponga del propio derecho real por actos *inter vivos* (arts. 965, 967).

Cuando la enfiteusis tiene su origen en un contrato, la enajenación que el enfiteuta originario haga del propio derecho real en favor de un nuevo enfiteuta lleva consigo, lógicamente, la transferencia del contrato de enfiteusis a la persona de este último sujeto; el cual, por tanto, viene a ocupar, respecto al que concedió la enfiteusis, la posición global contractual (derechos y obligaciones) del primer enfiteuta.

Una particularidad debe destacarse inmediatamente: cuando el enfiteuta cedente, en el momento de la enajenación de su derecho, haya satisfecho íntegramente las obligaciones y cánones por él debidos al concedente, y cuando se den en concreto los necesarios presupuestos para la plena eficacia de la enajenación del derecho del enfiteuta en cuestión (en particular, eventual transcurso de los veinte años, en la hipótesis del párrafo tercero del art. 965, respecto de la prelación a favor del concedente de la enfiteusis, a tenor del art. 966, etc.), la transferencia del derecho real y necesariamente *del mismo contrato constitutivo de la enfiteusis* tiene lugar, del primero al segundo enfiteuta, *con liberación del primero en sus obligaciones respecto al concedente* mediante *la simple notificación* del acto de adquisición hecha al concedente, contratante cedido (por argumentación del art. 967, párrafo segundo).

En un primer examen exterior podría parecer que en esta figura de cesión de contrato se prescinde de una activa y directa participación negocial del contratante cedido, el cual, en presencia de los presupuestos antes recordados, no podría oponerse a la transferencia del derecho real y del correlativo contrato constitutivo. Pero un examen más detenido hace pensar, en nuestra opinión, que en la construcción legislativa del derecho del enfiteuta como derecho esencialmente disponible (aparte las posibles limitaciones del art. 965, párrafo tercero) va incluido el presupuesto de que en el acto mismo en que ha consentido en la constitución del derecho de enfiteusis, el concedente ha autorizado implícita y *previamente* la circulación del contrato constitutivo del primer enfiteuta a un segundo y otros posteriores enfiteutas, con eficacia de dichas transferencias, respecto al mismo concedente, desde el momento en que se le notifique el acto de adquisición. En otros términos, viene a reproducirse aquí una situación análoga a la prevista por el artículo 1.407, párrafo primero, según el cual, si una parte ha consentido *previamente* que la otra se haga sustituir por un tercero en las relaciones derivadas del contrato, la sustitución es eficaz desde el momento en que se le *notifica* al primero.

Hemos examinado hasta aquí la hipótesis normal de que el enfiteuta cedente, en el momento de la enajenación de su derecho, haya satisfecho íntegramente sus obligaciones, y en particular los cánones debidos por él al concedente; en el momento en que el segundo enfiteuta (cesionario) notifica su acto de adquisición al concedente, el primer enfiteuta queda, sin más, liberado de sus obligaciones hacia este último, y queda sustituido por el nuevo enfiteuta en los derechos y obligaciones respecto al concedente de la enfiteusis, es decir, en la posición global contractual ya encarnada en la persona del enfiteuta cedente.

Puede suceder, empero, que en el momento de la enajenación de su derecho el primer enfiteuta no haya satisfecho íntegramente los cánones debidos al que le había concedido la enfiteusis. En esta hipótesis, aun teniendo lugar la transferencia del derecho real y del correlativo contrato constitutivo del primero al segundo enfiteuta, para garantizar adecuadamente la posición del concedente establece la ley que el nuevo enfiteuta quede obligado *solidariamente* con el precedente al pago de los cánones vencidos y no satisfechos (art. 967, párrafo primero).

Solo una observación superficial podría identificar esta hipótesis con la considerada por el artículo 1.408, párrafo segundo. Netas son, en efecto, las notas diferenciales, y principalmente éstas:

a) En la situación a que se refiere el párrafo primero del artículo 967, la permanencia de la responsabilidad del cedente (primer enfiteuta) respecto al contratante cedido (concedente de la enfiteusis) está limitada «al pago de los cánones no satisfechos», es decir, de los cánones debidos por el primer enfiteuta mismo hasta el momento de la cesión; sin extenderse, por tanto, a los cánones posteriores al perfeccionamiento de la cesión, del que es responsable exclusivamente el nuevo enfiteuta. En cambio, en la situación a que se refiere el artículo 1.408, párrafo segundo, la permanente responsabilidad del cedente se refiere a todas las obligaciones *ex contractu,* incluso aquellas que gravan principalmente sobre el cesionario posteriormente al perfeccionamiento de la cesión.

b) En la situación a que se refiere el párrafo segundo del artículo 1.408 no existe el vínculo de *solidaridad* entre los dos obligados (cedente y cesionario); en cambio, en la situación del párrafo primero del artículo 967 el cedente y el cesionario están obligados solidariamente (aunque siempre de modo limitado a los cánones no satisfechos por el primer enfiteuta antes de la cesión).

Por tanto, en nuestra opinión, debe concluirse que en la situación del párrafo primero del artículo 967, cuando el primer enfiteuta esté en mora respecto al concedente de la enfiteusis por los cánones que le debe, el esquema de la cesión del contrato (supuesto que tal cesión no choque contra una eventual prohibición del acto constitutivo según los términos del artículo 965, párrafos tercero y cuarto), en sus líneas esenciales, se relaciona, como siempre, con el esquema previsto por el artículo 1.408, párrafo primero; esquema que, en oportuna garantía del contratante cedido, está adecuado por la ley a la peculiaridad de la situación específica, insertando en él el otro elemento de la examinada responsabilidad del primero y segundo enfiteuta, limitada a los cánones anteriores a la cesión. Una vez satisfechos éstos, el esquema del artículo 1.408, párrafo primero, se reproduce también aquí en toda la pureza de sus líneas.

Debe considerarse ahora la específica situación prevista por los dos últimos párrafos del artículo 965. Establecen éstos que en el acto constitutivo puede ser vedado al enfiteuta disponer por actos *inter vivos,* en todo o en parte, del propio derecho por un tiempo no mayor de veinte años, y en el caso de enajenación en contra de tal prohibición el enfiteuta no queda liberado de sus obligaciones respecto al concedente de la enfiteusis y queda obligado por ellas solidariamente con el adquirente[28]. En tal hipótesis, pues, de violación de la prohibición indicada el sistema acogido por la ley es que si ciertamente la transferencia del derecho del enfiteuta y del correlativo contrato constitutivo (ésta es, obviamente, la fuente de enfiteusis que más directamente nos interesa aquí) tienen siempre lugar a favor del segundo enfiteuta (cesionario del contrato), sin embargo, el enfiteuta cedente no queda liberado de sus obligaciones para con el cedente de la enfiteusis (contratante cedido), permaneciendo por ellas solidariamente vinculado con el cesionario. En este caso, y como sanción para la infracción de la prohibición establecida en el acto constitutivo de la enfiteusis, y como oportuna garantía en favor del concedente, es la misma norma la que configura la cesión del contrato (conexa a la enajenación del derecho) como una cesión sin liberación del cedente (originario enfiteuta) para con el contratante cedido. De este modo (como ulterior reflejo sancionatorio), el correspondiente esquema del artículo 1.408, párrafo segundo, viene a quedar agravado en esta materia para el cedente (responsable de la infracción indicada) a través de la declaración de su responsabilidad *solidaria* con el cesionario; mientras que, como a su tiempo notamos, según el esquema original del párrafo segundo del artículo 1.408, los dos obligados no están ligados por el vínculo de la solidaridad.

Para terminar con esta argumentación deben hacerse algunas observaciones sobre el derecho de prelación a favor del concedente. Establece el artículo 966 que en caso de venta[29] del derecho del enfiteuta, el concedente tiene preferencia en igualdad de condiciones. El enfiteuta debe notificar al concedente la propuesta de enajenación, indicando el precio, y el concedente debe ejercer ese derecho dentro del plazo de treinta días. A falta de la notificación, puede el concedente recuperar el derecho del adquirente, y de cualquier posterior

[28] Sobre el alcance general de las disposiciones en cuestión, cfr. TRIFONE, en *Commentario del Codice civile* (a cargo de SCIALOJA y BRANCA), libro II, Roma-Bolonia, 1947, págs. 50-52.

[29] Para el problema de si la prelación esté admitida además de en la venta voluntaria también en la forzosa, cfr. TRIFONE: *ob. cit.,* págs. 54 y sigs.

causahabiente, dentro del plazo de un año desde que tuvo noticia de la venta[30]. A consecuencia del ejercicio del derecho de preferencia el fundo vuelve a ser libremente del concedente, del mismo modo que por la redención permanece libre en las manos del enfiteuta.

En el aspecto que más directamente nos interesa es preciso destacar que cuando el concedente, en el ejercicio de su derecho de preferencia, vuelve a ser dueño del derecho del enfiteuta, lógicamente se extingue la enfiteusis. En efecto, el concedente viene a determinar de este modo la liberación del fundo mediante la consolidación de su derecho con el derecho del enfiteuta; por tanto, no podría, en esta hipótesis, hablarse de una eventual cesión a un nuevo enfiteuta del originario contrato constitutivo de la enfiteusis, porque tal contrato, a consecuencia de la consolidación precitada, queda lógicamente agotado y extinguido.

Otro tanto puede decirse en la hipótesis en que el concedente, frente a la falta de notificación del propósito de enajenación por parte del enfiteuta enajenante, haya rescatado el derecho de enfiteusis del adquirente o de cualquier otro causahabiente posterior. También aquí el efecto del rescate es la consolidación en la misma persona (el concedente) de los derechos, antes separados, del concedente y del enfiteuta; lo cual conduce a la *liberación* del fundo y a la extinción del contrato en que se había constituido la enfiteusis.

Observemos, por último, que una hipótesis de sucesión en el contrato de enfiteusis (pero en la posición contractual del concedente) está configurada en el último párrafo del artículo 967; es decir, cuando el concedente enajena a un tercero su derecho. Este tercero entra a ocupar la posición contractual (derechos y obligaciones) del concedente originario respecto al enfiteuta que no ha cambiado (cedido), pero no puede exigir el cumplimiento de las obligaciones del mismo enfiteuta antes de que se le haya notificado a éste la enajenación. Esa notificación (al concedente) que la ley exige para el enfiteuta que enajena su derecho, también la exige la misma ley (naturalmente que dirigida ahora al enfiteuta) cuando el concedente enajena su derecho de tal.

Por análogas razones a las que se acaban de indicar antes para la hipótesis de enajenación del derecho del enfiteuta, debe estimarse, en nuestra opinión, incluido en la construcción legislativa el presupuesto de que en materia de estipulación del contrato de enfiteusis también el enfiteuta autorice, implícita y previamente, la circulación del contrato del primer concedente a un segundo, y así sucesivamente, con eficacia para dichas transferencias (en sus

---

[30] La regulación del ejercicio de tal derecho es uniforme con la del art. 732 Cód. civ., establecida en orden al ejercicio del derecho de prelación reconocido en favor de los coherederos en el caso de que uno de éstos quiera enajenar a un extraño su parte hereditaria (Exposición de Motivos, § 455). Véase a este propósito nuestra obra: *Retratto successorio,* en *Studi Senesi,* 1946, fase. 1, págs. 189 y sigs.

reflejos respecto al mismo enfiteuta) desde el momento en que se le comunique el acto de adquisición.

Recordamos también aquí la analogía con la situación a que se refiere el artículo 1.407 en su párrafo primero.

31. La cesión de cartera: el problema en la doctrina anterior

En la cesión de cartera, como ya se sabe, una empresa de seguros, para librarse (en todo o en parte) de las cargas que pesan sobre ella por la masa de los contratos de seguro estipulados, transfiere en bloque a otra empresa aseguradora la totalidad o solo una parte de los indicados contratos (por ejemplo, los relativos a un determinado ramo del seguro), al mismo tiempo que las correspondientes reservas técnicas (reservas de primas por riesgos en curso, reservas matemáticas) que garantizan el cumplimiento de tales contratos. Acuerdo de las empresas contratantes en el caso de que la empresa cesionaria entre en cada contrato a ocupar la posición de la empresa cedente, asumiendo respecto al asegurado los mismos derechos y obligaciones *ex contractu*. De modo distinto a cuanto debe decirse en la hipótesis de cesión *total* de cartera (la cual puede dar lugar con frecuencia, en definitiva, a la liquidación y extinción de la empresa cedente), en la cesión parcial de cartera la empresa cedente sigue en plena actividad por la parte de cartera que ha conservado.

En relación con la fundamental exigencia de la intangibilidad del contrato y con el principio básico de que la cesión del contrato no puede perfeccionarse independientemente del consentimiento del contratante cedido (en este caso el asegurado), la doctrina predominante desde hace tiempo antes de entrar en vigor el Código del 42[31] estaba concorde en opinar que en virtud del solo acuerdo para la transferencia de cartera entre la empresa cedente y la cesionaria, y antes del consentimiento a la transferencia del propio contrato por parte de cada asegurado, no podían entenderse como transferidos cada uno de los contratos de seguro a la empresa cesionaria; con la lógica conse-

[31] Véase en particular RAMELLA: *Tratatto delle Assicurazioni private e sociale,* Milán, 1934, I, pág. 346. FINZI: *La riassicurazione e la cessione di portafoglio,* en la *Riv. dir. comm.* 1932, I, págs. 660 y sigs. DE GREGORIO: en *Assicurazioni,* 1935, II, pág. 135, según el cual, «en el caso de transferencia sin liquidación, de una o de solo algunas de las carteras de la empresa aseguradora, debería aplicarse el principio general; es decir, que *el asegurado podría negarse a reconocer como único deudor suyo al cesionario* y, por consiguiente. *no consentir la cesión del contrato.* PULEO: *ob. cit.,* pág. 111 y sigs. Tribunal de Génova: 25 mayo 1934, en *Assicurazioni,* 1935. II, páginas 128 y sigs.
En contra, sobre todo, SALANDRA: *Natura ed effetti giuridice della cessione di portafoglio,* en *Assicurazioni,* 1937, I, págs. 1 y sigs. el cual reconoce, sin embargo, que su construcción de la cesión de cartera como cesión de una *universitas iuris* resultaba indudablemente audaz respecto al derecho común («la cartera, en la verdadera cesión integral, pasa de una empresa a otra no como una *universitas facti* de contenido variable, determinado por la voluntad de las partes y exclusivamente en sus mutuas relaciones, sino como *universitas iuris,* inescindible *también respecto a terceros»).*

cuencia de que la empresa cedente permanecía obligada para con el asegurado mientras no fuera liberada por éste expresamente, o bien por actos o comportamientos que inequívocamente hubieran revelado tal voluntad liberatoria (por ej., con el pago de las primas a la empresa cesionaria). Solución ésta que, además de estar estrechamente ligada a los principios generales sobre la cesión del contrato, parecía tanto más justificada ira *subiecta materia* cuanto que no todas las empresas de seguros ofrecen las mismas garantías para el regular y oportuno cumplimiento de las obligaciones propias.

La misma doctrina, sin embargo, reconocía que solo en casos completamente particulares, por superiores exigencias del interés público, el consentimiento de los asegurados fuera suplido por la ley, que impusiera a las empresas que se encontraran en determinadas situaciones la cesión de su cartera (en su totalidad o en parte solo) al Instituto Nacional de Seguros, o a otra compañía, que entraban a hacerse cargo de los derechos y obligaciones de la empresa cedente respecto a cada uno de los asegurados, según las pólizas respectivas (hipótesis ésta de transferencia *ex lege* de cada uno de los contratos de seguro)[32].

Aparte las graves incertidumbres y perplejidades que dividían a los autores sobre el problema de la naturaleza jurídica de la cesión de cartera[33], ninguna construcción doctrinal logró justificar (aunque se hayan hecho tentativas en este sentido) la posibilidad en nuestro derecho positivo de realizar mediante la cesión de cartera la transferencia total e inmediata de las relaciones aseguradoras, independientemente del consentimiento de cada asegurado. Ninguna construcción, aun cuando ingeniosa, logró más precisamente dar una convincente explicación o demostración de la posibilidad, en nuestro derecho positivo, de que la cesión de cartera, además de los derechos respecto a los asegurados, pudiera importar automáticamente la transferencia (a la empresa cesionaria) de las obligaciones para con los mismos asegurados, prescindiendo del consentimiento de éstos.

32. La cesión de cartera en virtud del artículo 1.902 del vigente Código civil

Mientras que para la fusión y la concentración de los bienes de varias empresas aseguradoras[34] establece el artículo 1.902 la continuación de los con-

---

[32] Ragella; *Tratatto,* ya cit. pág. 346. Lordi: *Istituzioni di diritto commerciale,* Padua, 1943, I, pág. 73, el cual, en particular, recuerda que cuando en el año 1912 fue creado el Instituto Nacional de Seguros algunas empresas aseguradoras fueron liquidadas o se vieron obligadas a ceder la cartera a dicho Instituto, que de esa forma venía a suceder *ex lege,* a título particular, en un contrato ya estipulado por otro contratante (art. 12 de la ley 4 abril 1912, número 405).

[33] Para una amplia valoración crítica de las múltiples construcciones doctrinales en esta materia, cfr. sobre todo Salandra: *ob. cit.* últimamente, §§ 1-9. Donati: *Il contratto de Assicurazione nel codice civile,* Roma, 1943, págs. 120 y sigs.

[34] La cesión de cartera no debe ser confundida (como a veces se ha hecho) con la concentración de empresas. Como destaca Salandra en *Commentario del codice civile,* lib. IV,

tratos de seguro en curso (véase más adelante el núm. 34), para la transferencia de cartera, por el contrario, el mismo artículo 1.902 se limita a remitirse a las leyes especiales. Estas leyes son en particular:

1.° El artículo 48 del R. D. L. de 29 de abril de 1923, número 966, el cual, *en la hipótesis de liquidación forzosa administrativa* de una empresa de seguros sobre la vida, contempla la transferencia *forzosa* al Instituto Nacional de Seguros de los contratos de seguros sobre la vida no revocados por los interesados, salvo reducción del capital asegurado a base de las tarifas del Instituto.

2.° El artículo 2.° del R. D. L. de 13 de julio de 1933, número 1959, el cual, *en caso de liquidación forzosa de una* empresa *de seguros contra daños,* establece que el comisario liquidador pueda, con la aprobación ministerial, proveer a la transferencia de oficio de los contratos de seguro a otra sociedad aseguradora del mismo ramo y con determinadas garantías; los riesgos inherentes a los contratos transferidos quedan a cargo de la sociedad cesionaria, quedando excluido el derecho de rescisión.

Tratándose de disposiciones que suponen ambas la liquidación forzosa (que se produce en los casos de persistentes irregularidades de gestión o de deficientes actividades), y no habiéndose dispuesto nada para la hipótesis de que la cesión de cartera se produzca, en cambio, durante la vida normal de la empresa aseguradora (independientemente de la liquidación forzosa), parece lógico que a esta última hipótesis debe ser aplicado el derecho común[35]. Ahora bien, a este respecto, considerando que la organización aseguradora relativa al ramo cedido (con las correspondientes reservas técnicas que constituyen su garantía) pasa en su conjunto al asegurador cesionario, y considerando, por tanto, que la situación es sustancialmente análoga (si bien dentro de límites más estrechos) a aquella que justifica la disposición del artículo 1.902 en su primer párrafo, sobre la fusión y sobre la concentración, una reciente tendencia doctrinal —en términos muy cautos y casi dubitativos todavía— parece inclinada a admitir que la misma disposición del artículo 1.902 (es decir, la transferencia íntegra y *de iure* de los contratos de seguro) puede aplicarse por analogía tam-

---

Obbligazioni, Roma-Bolonia, 1948, págs. 260-61, teniendo presente el criterio diferencial que se deduce del art. 1 del R. D. L. 13 julio 1933, n. 1.095 (el cual, como requisito para la concentración de haciendas exigía la transferencia del ejercicio relativo a la cartera entera aseguradora), la concentración comprende también la cesión de la cartera; pero no siempre la cesión de cartera implica también la concentración. La cesión de cartera puede referirse, en efecto, también a un solo ramo asegurativo, o al ejercicio del seguro en los límites de un solo Estado. Aparte las reglas especiales vigentes para la concentración de las empresas aseguradoras (D. L. 13 julio 1933, n. 1. 059; D. L. 16 junio 1938, n. 1.133), para el problema general de la concentración de sociedades prevista por el D. L. 13 noviembre 1931, número 1.434, cfr. MESSINEO: *Manuale di diritto civile e commerciale,* Milán, vol. III, pág. 158.

35 SALANDRA: *ob. cit.* últimamente, pág. 261.

bién a la cesión de cartera en general (salvo las disposiciones particulares relativas a los casos previstos por las leyes que se acaban de citar).

Por consiguiente, los contratos de seguro en curso deberían considerarse transferidos sin más requisitos a la sociedad cesionaria, sin necesidad del consentimiento de los asegurados. Pero sin querer disimular aquí la extremada delicadeza y discutibilidad de la cuestión, ¿puede estimarse realmente justificada, *de iure condito,* la citada aplicación analógica y las respectivas consecuencias? Es sintomático, ante todo, que la misma tesis examinada reconoce que la situación consiguiente a la cesión de cartera no total, *solo dentro de límites más estrechos* presenta analogía con aquella que justifica la disposición del artículo 1.902 sobre la fusión y la concentración de haciendas entre varias empresas aseguradoras. Está justificado, además, destacar que si en los casos de cesión de cartera hubiese querido el legislador del 42 disponer aquella continuación *de iure* de los contratos en curso, que expresamente se establece en el artículo 1.902 para la fusión y concentración, dado el carácter excepcional y la inmensa importancia para la masa de los asegurados de una norma de tal especie, no habría dejado el mismo legislador de declararlo expresamente en el mismo artículo. En cambio, ese artículo se calla respecto a la cesión de cartera y se limita a recordar solamente las leyes especiales (e implícitamente el derecho común en los márgenes no dominados por esas leyes especiales). Ahora bien, el principio básico del derecho común es que un contratante no puede ser obligado a sufrir —independientemente, y *con mayor razón contra su voluntad*— la transferencia de su contrato a un nuevo sujeto (cesionario) que puede ofrecer menores garantías de solvencia, menor capacidad técnica, organizativa, etc., que el contratante originario (cedente).

Y es significativo que la misma tesis examinada, al mismo tiempo que excluye el derecho de rescisión de los asegurados en relación con la transferencia total forzosa *(de iure)* de los contratos en los casos de fusión y de concentración, por el contrario, al aplicar analógicamente la citada transferencia a la cesión de cartera se ve obligada a admitir el derecho de los asegurados a rescindir el contrato si pueden invocar una justa causa, como, por ejemplo, la menor solvencia de la empresa cesionaria[36]. Lo cual, si bien se mira, se ve que es en sustancia una implícita admisión por lo menos de la imposibilidad de prescindir por completo de la voluntad del asegurado (en forma expresa o tácita) en la transferencia de su contrato.

Por las consecuencias expuestas, y teniendo en cuenta el vigente derecho positivo, preferimos estimar que, en armonía con los principios generales sobre la cesión de contrato, también frente a una cesión de cartera se requiere el específico consentimiento (expreso o tácito) de cada uno de los asegurados

---

36 SALANDRA: *ob. cit.* últimamente, págs. 260, 262.

para la transferencia de su propio contrato a la empresa cesionaria[37]; a menos que, ya se comprende, la cesión de cartera haya sido consentida previamente en la póliza, o, tratándose de una mutua de seguros, se haya previsto en los estatutos de la misma, o haya sido decidida regularmente por ésta en la forma de las modificaciones estatutarias[38].

El consentimiento, naturalmente, podrá presumirse si el asegurado, al serle requerido el pago de las primas por el cesionario, después de que se le haya notificado la cesión, realiza su pago a ese cesionario, o si le ha pedido a éste el pago de la indemnización, o si se ha dirigido a él para cualquiera otra comunicación referente a la ejecución del contrato. Pero si no puede demostrarse el consentimiento del asegurado a esa transferencia del contrato, la empresa cedente sigue siendo la responsable para con él en cuanto que la relación contractual del seguro continúa desarrollándose entre los contratantes primitivos. Estimamos, además, que al asegurado corresponde el derecho de rescindir su contrato de seguro si puede demostrar que a consecuencia de la operación realizada por la empresa que ha cedido su cartera existe una justa causa de rescisión; como, por ejemplo, cuando esa empresa cedente, despojándose de gran parte de su activo patrimonial, no ofrece ya aquella adecuada garantía para la observancia de sus propias obligaciones contractuales a que el asegurado tiene derecho[39].

Establecido esto desde un punto de vista general sobre la necesaria adhesión del asegurado a la transferencia del propio contrato, aunque esa transferencia sea en función de una cesión más amplia de cartera, parecen oportunas aquí algunas precisiones posteriores sobre la modalidad y el momento en que puede considerarse perfeccionada la transferencia.

En nuestra opinión es necesaria una fundamental distinción según el posible contenido diverso de la estipulación establecida entre las empresas interesadas. Puede suceder, ante todo, como ya se destacó a su tiempo[40], que la

---

[37] También DE SEMO: *Instituzioni di diritto privato,* Florencia, 1948, pág. 584, observa, en efecto: «Según los principios generales sería necesario a tal fin el consentimiento de los asegurados, puesto que mientras los derechos (percepción de las primas) inherentes a tales contratos son transmisibles sin más, la cesión de las obligaciones correlativas ofendería el principio de la intangibilidad del contrato si no existiera el consentimiento del otro contratante: la cesión del contrato puede producirse «con tal que la otra parte consienta en ella».

[38] En tal hipótesis, en efecto, el asegurado está obligado a respetar la decisión social de cesión de la cartera que haya sido regularmente adoptada por la mutua de seguros.

[39] De acuerdo SALANDRA; *ob. cit.* últimamente, pág. 262, el cual, como se ha observado antes, concede a los asegurados el derecho de rescisión si pueden invocar una justa causa, como la menor solvencia de la empresa cesionaria. Ver RAMELLA: *Tratatto delle Assicurazioni private e sociali,* Milán, 1934, I, § 176, págs. 346 y sigs.

[40] FINZI: *La Riassicurazione...,* ya cit., loc. cit., I, págs. 346 y sigs. PULEO: *ob. cit.* págs. 110 y sigs.

estipulación entre la empresa cedente y la cesionaria constituya solamente un negocio *preliminar* a la efectiva cesión de cada uno de los contratos, en cuanto que la voluntad de las dichas empresas no esté encaminada a efectuar *inmediatamente* (siquiera sea en sus exclusivas relaciones *internas)* la transferencia de los contratos que forman la cartera, sino a efectuarla, en un segundo momento, para cada uno de los riesgos, mediante una *posterior declaración de voluntad* en la que las mismas empresas se comprometen recíprocamente. En esta hipótesis, al exigirse para la transferencia efectiva de cada contrato de seguro una posterior declaración de voluntad de las empresas encaminada a combinarse con el consentimiento del asegurado (contratante cedido), la cesión del contrato de seguro, sustancialmente, no presenta características particulares respecto a las normas ordinarias (arts. 1.406 y sigs.), si se exceptúa la presencia del aludido negocio preliminar: negocio vinculativo, empero, *solo en las relaciones internas entre las dos empresas interesadas,* y de tal clase que no altera el esquema ordinario del verdadero y propio negocio de cesión de cada contrato (que se produce también aquí, como en general, entre las *tres partes* interesadas).

También *in subiecta materia,* en cuanto a su proceso formativo y a la prestación de los consentimientos, el precitado negocio de cesión puede ser de formación *simultánea* o *sucesiva,* según los principios generales. Diferente es, en cambio, la hipótesis en que en virtud de la estipulación de la cesión de cartera las empresas manifiesten la voluntad de que tenga lugar la cesión de los varios contratos apenas se produzca la adhesión de cada uno de los asegurados; es decir, la voluntad de realizar *actualmente* (aunque solo sea en sus relaciones internas) la transferencia de los contratos de seguro comprendidos en la cartera (sin necesidad, a este fin, de una posterior declaración de voluntad en el acto en que se produzcan las adhesiones particulares). En esta hipótesis, evidentemente, la transferencia de *cada uno* de los contratos de seguro a la empresa cesionaria de la cartera solo tendrá lugar cuando se produzca la adhesión (que, por otra parte, también puede faltar) de cada contratante cedido. Puesto que se trata en este caso de toda una masa de contratos a transferir, según el esquema y las condiciones ya acordados (en las respectivas relaciones internas), entre las dos empresas interesadas, a medida que se vayan prestando las adhesiones particulares por parte de los asegurados, irán destacándose de la estipulación convenida entre la empresa cedente y la cesionaria los elementos negociales que, combinándose con las adhesiones particulares aludidas, se traducirán en perfectos negocios de cesión de cada uno de los contratos de seguro. Y en esta hipótesis esos negocios de cesión son, como es evidente, de formación *sucesiva.*

Naturalmente, también aquí, en aplicación de las reglas generales, la cesión de cartera no altera los elementos objetivos de los contratos de seguro transferidos, de forma que permanecen recíprocamente oponibles (entre asegurado y empresa cesionaria) todas las excepciones ya expresadas en las relaciones entre los contratantes originarios, con exclusión de aquellas relativas a otras relaciones extrañas al contrato de seguro.

Es superfluo, por último, indagar aquí sobre las diferencias entre la cesión de cartera y el reaseguro, bajo cuya apariencia viene a estar disimulada la primera, a veces por razones fiscales. Basta notar solamente que, desarrollándose aparte de los asegurados originarios, el reaseguro no crea relaciones entre el asegurado y el reasegurador (salvo las disposiciones de las leyes especiales sobre el privilegio a favor de la masa de los asegurados: art. 1.929 Cód. civ.).

En fin, no interesa a nuestra investigación la hipótesis de la liquidación forzosa administrativa de la empresa aseguradora, disciplinada legislativamente por el R. D. L. de 29 de abril de 1923, número 966, y por el correspondiente Reglamento de 4 de enero de 1925, número 63, a que el último párrafo del artículo 1.902 se remite (respecto a la rescisión del contrato de seguro y al privilegio de los asegurados). Hipótesis disciplinada, además, por las normas comunes de la ley de quiebras sobre la liquidación forzosa administrativa. En realidad, el efecto de dicha liquidación es *resolutivo* (y no traslativo) de los contratos de seguro en curso (salvo los casos de cesión forzosa de la cartera a otro asegurador, antes mencionados en los apartados 1.° y 2.° de este número).

33. Transferencia de las acciones no liberadas

Como ya se sabe, la acción es un documento que materializa, *incorpora,* la medida de la participación de cada socio en la sociedad; es decir, expresa e incorpora el conjunto de derechos y deberes del mismo socio, constituyendo una figura característica del título de crédito que, precisamente, viene enumerada entre los *títulos de participación*[41]. A los fines específicos de nuestro estudio interesa destacar que las acciones incorporan no solo la medida de la participación, sino más precisamente aquella condición inmaterial que es *la cualidad de socio,* haciendo que ésta sea fácilmente negociable mediante la negociación de la acción, en cuanto cosa corporal. Con feliz expresión se ha dicho que aquí el documento es vehículo de la cualidad de socio[42].

Pueden ser enajenadas tanto las acciones liberadas como las no liberadas, o sea aquellas cuyo importe total no ha sido pagado todavía. La transfe-

---

[41] Cfr. VALERI: *Manuale di diritto commerciale,* Florencia, 1945, volumen 1, pág. 135. MESSINEO: *I titoli di credito,* Padua, 1933; vol. I página 128. El mismo: *Manuale di diritto civile e commerciale,* Milán, 1947, vol. III, pág. 124. FERRI: *I titoli di credito,* Turin, 1950, página 90, reafirma la naturaleza de los títulos de crédito de las acciones sociales contra algunas voces doctrinales que tendían a excluir tal naturaleza. Sobre la controvertida cuestión de si el socio, como tal, tiene un *status* propio, cfr. VALERI: *ob. cit.,* pág. 136. MESSINEO: *ob. cit.* últimamente, pág. 240.

[42] MESSINEO: *ob. cit.* últimamente, pág. 124.

rencia de las acciones no liberadas da lugar a una cesión de negocio, en cuanto que el cesionario entra a hacerse cargo de los derechos y obligaciones del suscriptor[43]. Establece, en efecto, el artículo 2.356 que aquellos que han transferido obligaciones no liberadas están obligados solidariamente con sus adquirentes por la cantidad de su valor no pagada todavía, durante el período de tres años desde la fecha de la transferencia. Ese pago no puede pedírsele a ellos más que en el caso de que la petición al poseedor de la acción haya sido infructuosa.

Son, pues, características de esta figura de cesión: 1.°, la cesión es sin liberación del cedente (respecto a la sociedad contratante-cedido); pero —con un límite cronológico y una expresa declaración de solidaridad pasiva que no tienen similar en la figura general de cesión sin liberación del artículo 1.408, párrafo segundo— la responsabilidad del cedente mismo (expresamente declarado por la ley *solidariamente* obligado con el cesionario por la cuantía de los pagos no realizados todavía) solo dura tres años desde la transferencia de la acción; 2.°, no puede exigirse pago alguno al cedente más que en el caso en que la petición al cesionario (poseedor de la acción) sea ineficaz.

34. Exclusión de la cesión técnica de contrato en la fusión de las sociedades mercantiles

Cualquiera que sea el tipo y la forma revestida en concreto, una sociedad puede fundirse con otra u otras sociedades, como es bien sabido. La fusión puede tener lugar también entre, sociedades de tipo distinto: no solo entre sociedades de capitales, o entre sociedades de capitales y de personas, sino también entre solo sociedades de personas.

Ya se sabe que la fusión puede realizarse de dos formas fundamentales: *a)* la *incorporación; b)* la fusión en sentido estricto o *unión* (art. 2.501). En la incorporación —prácticamente la más frecuente— la sociedad *incorporante* (en la práctica la empresa más vigorosa económicamente) absorbe enteramente en sí a la sociedad o las sociedades *incorporadas,* que vienen a extinguirse, mientras que la incorporante se hace cargo universalmente del patrimonio de la sociedad o sociedades incorporadas (es decir, tanto en el conjunto de los activos patrimoniales como en el conjunto de los pasivos). Los socios de la sociedad incorporada, naturalmente, se convierten en socios de la sociedad incorporante.

En la fusión mediante *unión,* dos o más sociedades preexistentes se extinguen para dar vida (con la aportación, bien de sus respectivos conjuntos patrimoniales, bien de sus socios) a una *nueva* sociedad que sucede globalmente en los patrimonios (activos y pasivos) de las sociedades extinguidas. Natural-

---

43 MESSINEO: *ob. cit.* últimamente, pág. 128.

mente, los socios de las sociedades que se unifican en la nueva se convierten en socios de esta última.

Más que el procedimiento de fusión, claramente establecido por la ley (decisión de fusionarse, en debida forma, por parte de cada una de las sociedades que van a participar; eventual oposición de los acreedores; estipulación del *documento de fusión* perfeccionativo de la misma: cfr. arts. 2.502 a 2.504), interesa a nuestros fines sobre todo poner en evidencia que, por efecto de la fusión, la sociedad *incorp oradora* (en la *incorporación)* o la sociedad *nueva* (en la *fusión* o *unión)*, por expresa disposición legislativa, «asume los derechos y las obligaciones de las sociedades extinguidas» (art. 2.504, párrafo último). En otras palabras, se determina aquí una sucesión de la sociedad incorporadora o de la nueva sociedad en la totalidad del patrimonio (créditos y débitos) de las sociedades extinguidas. Puesto que se comprueba la confusión de los dos o más patrimonios, la sociedad que sucede responde también *ultra vires,* con responsabilidad ilimitada, en el sentido de que dicha responsabilidad no está limitada y contenida dentro de los límites de los activos patrimoniales absorbidos.

La sustitución del nuevo sujeto en el conjunto de las relaciones patrimoniales activas y pasivas que correspondían a la sociedad extinguida se determina *uno actu*: el título traslativo es el documento de fusión, sin que sean precisos distintos negocios de transmisión para cada uno de los elementos patrimoniales, o eventuales notificaciones de la modificación del acreedor a los deudores de la sociedad extinguida. Siendo éstas las características y la dinámica de la institución, se explica que la opinión generalmente aceptada considere en esto una figura de sucesión *a título universal.*

A los fines directos de nuestro estudio sería superfluo alargarse sobre las conocidas divergencias doctrinales sobre la más precisa calificación de la sucesión universal en cuestión; unos sostienen que se está frente a una sucesión *estrictamente análoga* a la sucesión hereditaria *mortis causa* en las personas físicas[44]; otros sostienen, en cambio, que la sucesión derivada de la fusión es una sucesión universal por *acto inter vivos,* sustancialmente diferente a la sucesión hereditaria, en cuanto no tendría como presupuesto la extinción de las sociedades que se fusionan, la cual sería, por el contrario,

[44] Cfr. VIVANTE: *Tratatto di diritto commerciale,* Milán, 1923, vol. II, n. 770, pág. 486. LORDI: *Istituzioni di diritto commerciale,* Padua, 1943, vol. I, págs. 434 y sigs. VALERI: *Manuale del diritto commerciale,* Florencia, 1945, vol. I, pág. 110. MESSINEO: *Manuale di diritto civile e commerciale,* vol. III, Milán, 1947 pág. 157.
La analogia con la sucesión hereditaria *mortis causa* de las personas físicas quedaría tanto más resaltada cuando se considere —afirman los expositores de esta orientación— que la sociedad incorporada (en la incorporación) y las sociedades preexistentes (en la unión) quedan irremediablemente extinguidas; es decir, que *mueren jurídicamente,* lo que recuerda mucho a la muerte de la persona física.

determinada por la sucesión[45]. Interesa, en cambio, poner de relieve aquí una conclusión que nos parece plenamente justificada por las consideraciones expuestas hasta ahora. En la fusión de las sociedades mercantiles, aun teniendo lugar (a consecuencia de la recordada *confusión* de los patrimonios) una transferencia del conjunto de las relaciones contractuales de las sociedades extinguidas a la sociedad nueva o a la sociedad incorporadora, la transferencia en cuestión no puede, empero, referirse (siquiera sea para cada contrato) al típico esquema de la cesión de contrato, porque dicha transferencia es el efecto de una sucesión a *título universal* de la sociedad nueva o de la sociedad incorporadora en el patrimonio de las sociedades extinguidas; mientras que, en cambio, en la cesión técnica de contrato tiene lugar una sucesión a *título particular* del cesionario en la posición contractual del cedente, y dicha cesión no es el efecto de una *successio per universitatem.*

Las consideraciones expuestas para *la exclusión de una cesión técnica del contrato,* deben repetirse también en relación con la hipótesis considerada por el artículo 1.902, párrafo primero, según el cual la fusión y la concentración de haciendas entre varias empresas aseguradoras no son causa de disolución del contrato de seguro, que continúa con la empresa aseguradora que resulte de la fusión, o que incorpore las empresas preexistentes. Obsérvese en particular que mientras en materia de transferencia de las haciendas empresariales está prevista a favor del tercero contratante la facultad de resolución del contrato dentro de los tres meses de la noticia de la transferencia si existe una justa causa (art. 2.558, segundo párrafo), aquí, por el contrario, en materia de fusión y concentración de haciendas entre varias empresas aseguradoras, la fórmula legislativa excluye claramente el derecho de resolución como consecuencia de la fusión o concentración indicadas. Esa rescisión, en efecto, carecería de justa causa porque el asegurado transferido encuentra una adecuada garantía en la cartera aseguradora transferida, con las respectivas reservas técnicas. En línea más general, por otra parte, se ha observado justamente que la verdadera garantía de los contratos de seguros está constituida más que por el patrimonio

---

45 Ferri: *La fusione delle società commerciali,* Roma, 1936, págs. 203 y sigs. Puleo: *ob. cit.,* pág. 106. En este sentido, sustancialmente Florentino: *Sulla fusione di società commerciali,* en la *Riv. trim. di dir. e proc. civ.*, 1949, n. 3, pág. 645, según el cual, en vez de considerar la llamada «sucesión en el patrimonio» como efecto de la extinción de la sociedad, es preciso considerar ésta como efecto de aquélla.
Para De Semo: *Istituzioni di diritto privato,* Florencia, 1948, páginas 107, 583, «se producirá una relación de sucesión universal, que encuentra propiamente su fuente en un acto que debe ser considerado entre vivos... Puesto que la fusión se funda sobre el correspondiente *contrato* estipulado entre dos o más sociedades, no parece exacto considerarla como una forma de sucesión, *como si no se traspasaran los confines del derecho hereditario.* La fusión, en cambio, es un negocio jurídico *inter vivos,* conforme al principio general de que si en un contrato se remitieran sus efectos a después de la muerte de una de las partes, debería ser considerado, como siempre, acto *inter vivos* siempre que no fuera nulo».

del sujeto que los contrató por la masa organizada de los riesgos de que forman parte, la cual permite contar con un flujo constante de primas, del que se extraen los recursos para el pago de las indemnizaciones debidas en caso de siniestro: masa de riesgos conservada precisamente con la transferencia integral de los contratos mediante los cuales ha sido constituida[46].

35. Exclusión de la cesión de contrato en la donación universal

También en el Derecho vigente debe reafirmarse la opinión justamente predominante bajo la vigencia del Código anterior, en el sentido de que cuando sea objeto de una donación un patrimonio, a falta de una manifestación unívoca de la voluntad negocial en sentido contrario, la donación (llamada *universal*) no determina por sí sola automáticamente la transferencia al donatario de las deudas que gravaran al donante[47].

En relación con tal donación universal siempre está justificada la observación de que no se transmite al donatario el patrimonio en sí y por sí, en su complejo de elementos activos y pasivos. Es necesaria, en efecto, una *específica designación de cada uno de los bienes y derechos,* de tal suerte que el traspaso se verifica como una *serie de donaciones que tienen por objeto cada uno de los bienes comprendidos en el patrimonio.* Por tanto, la donación del patrimonio no produce jamás una sucesión universal, y esto implica sobre todo que no puede haber transmisión al donatario de los elementos pasivos del patrimonio si no se emplean las formas idóneas de la adjudicación, y no interviene de modo adecuado el consentimiento de los acreedores[48].

En sustancia, para el donatario se trata siempre de una *successio in singulas res* y no ya de una hipotética *successio in universum ius* que supondría para él también la responsabilidad por las deudas.

Las consideraciones expuestas ahora son más que suficientes para excluir que, ante el silencio de las partes, la donación universal pueda ser por sí misma una transferencia también al donatario de los contratos (todavía en curso de ejecución) estipulados por el donante, siendo evidente que si la donación universal no supone el traspaso de los elementos pasivos comprendidos en el patrimonio del donante, tampoco puede suponer y llevar consigo la transferencia de las relaciones contractuales bilaterales, que constan de elementos activos y pasivos para cada uno de los contratantes.

---

46 SALANDRA; *Dell'assicurazione,* en *Commentario del Codice civile* (dirigido por Scialoja y Branca), libro IV, Bolonia-Roma, 1948, pág. 258.

47 Para la valoración crítica de las diversas opiniones que se han formado a este respecto bajo el imperio del Código anterior, cfr. PULEO: *ob. cit.,* págs. 101 y sigs.

48 Cfr. en todo esto RUGGIERO: *Istituzioni di diritto civile,* Messina, 1930, vol. II, págs. 438 y sigs. RUGGIERO-MAROI: *Istituzioni di diritto privato,* Milán, 1947, vol. II, pág. 406. MESSINEO: *Manuale...,* ya cit., vol. III, pág. 8. DE SEMO: *Istituzioni di diritto privato,* Florencia, 1948, pág. 107.

CAPÍTULO VI

SUCESION «OPE LEGIS» EN EL CONTRATO

SUMARIO.— 36. Sucesión en el arrendamiento por transferencia a título particular de la cosa arrendada (arts. 1.599 y sigs. Código civ.).— 37. Sucesión en el arrendamiento derivado de la venta y de la entrega forzada de la cosa arrendada (arts. 2.923 y 2.925 Cód. civ.).— 38. Sucesión en el contrato de *mezzadria* y de *colonia parziaria* a consecuencia de la transferencia del goce de la finca (arts. 2.160 y 2.169 Código civ.).— 39. Sucesión en el contrato de asociación ganadera (arts. 2.177, 2.185 y 2.186 Cód. civ.).— 40. Sucesión en el contrato de seguro relativo a la cosa enajenada. El principio básico de la intransmisibilidad según el Código de comercio derogado.— 41. (Continuación) El principio opuesto de la transmisión *ex lege* según el Código civil vigente (art. 1.918) y el Código de la Navegación (art. 517).— 42. Sucesión en los contratos estipulados para la explotación de la hacienda (artículo 2.558 Cód. civ.).— 13. Sucesión en los contratos de trabajo en virtud del artículo 2.112 Cód. civ.— 44.— Sucesión en los contratos de embarque y de trabajo en virtud de los artículos 347 y 917 del Código de Navegación.— 45. Sucesión en los contratos de consorcio (artículo 2.610 Cód. civ.). Los tres tipos de consorcios.— 46. (Continuación.) Alcance del subingreso en el contrato de consorcio dispuesto por el artículo 2.610 del Código civil.— 47. Sucesión del curador en los contratos estipulados por el fallido: distinciones respectivas (artículos 72 y sigs. de la Ley de quiebras).

36. Sucesión en el arrendamiento por transferencia a título particular de la cosa arrendada (arts. 1.599 y siguientes del C. c.)

Hemos considerado hasta aquí los principales supuestos o casos tipo de sucesión en el contrato a través del instrumento negocial de la cesión.

Para tener un cuadro total de la institución, con toda la amplitud de sus aspectos, debemos diferenciarlo ahora de otros casos tipo en los que es preciso siempre una sucesión en el contrato; pero ésta, más bien que estar determinada por un procedimiento *negocial,* se verifica *ope legis* apenas se den en concreto los presupuestos previstos por la norma.

Ante todo debemos hablar de la sucesión en el contrato de arrendamiento por transferencia a título particular *(inter vivos)* de la cosa arrendada (art.

1.599 del C. c.). No es del caso recordar aquí los pasos y desarrollos recorridos para llegar, desde el primitivo principio romano de la *emptio tollit locatum,* al opuesto principio de las legislaciones modernas expresado usualmente en la fórmula «la venta no resuelve el arriendo». Principio ya reflejado por el artículo 1.597 del Código del 65 y ahora por el vigente artículo 1.599, el cual, en su párrafo primero, reafirma que el contrato de arriendo es oponible al tercero adquirente si es de fecha cierta anterior a la enajenación de la cosa[1].

A este respecto importa destacar que ya bajo la vigencia del derogado artículo 1.597, reaccionando contra algunas tendencias (en especial de la doctrina alemana) dirigidas a construir la relación arrendaticia como un derecho de carácter real (precisamente sobre la base de la reconocida eficacia del arrendamiento frente al adquirente de la cosa), nuestra mejor doctrina había negado carácter de real a la relación arrendaticia, justificando la norma excepcional del derogado artículo 1.597 (que derogaba el principio de que a falta de un pacto en tal sentido no se transfieren a la persona del sucesor a título particular los vínculos obligatorios que pesaran sobre su causahabiente) con consideraciones de equidad y de utilidad pública relacionadas con la importancia social del arrendamiento de casas y de fincas rústicas (no teniendo aplicación la norma precitada en el arrendamiento de bienes muebles). A esta nuestra doctrina anterior no se le escapó, por otra parte, que cuando la norma, frente a la venta de la cosa arrendada, subrogaba el adquirente al vendedor en los derechos y obligaciones derivados del contrato original de arrendamiento, venía a configurarse, sustancialmente, una sucesión legal en el mismo contrato; es decir, una sucesión que tenía su fuente en la ley, verificándose de modo independiente a la voluntad del comprador y del vendedor, siempre que el contrato de arrendamiento presentara los requisitos exigidos por la ley[2].

Análogas consideraciones deben repetirse en cuanto al vigente artículo 1.599, que, como se ha dicho, reafirma en su primer párrafo el principio básico de *emptio non tollit locatum*[3]. También, según el nuevo sistema legislativo, el

---

1 Sobre el requisito en cuestión de la *fecha cierta,* cfr. GIANNATTASIO: en *Commentario del Codice civile* (dirigido por D'Amelio-Finzi), *Obbligazioni, Contratti speciali,* Florencia, 1948, págs. 301-302. Téngase presente, respecto a la norma examinada, que si el arrendatario es despedido por el adquirente porque el contrato de arrendamiento no tenía fecha cierta anterior a la transmisión, el arrendador está obligado al resarcimiento de daños (art. 1.601).

2 En este orden de ideas, ver para el Derecho anterior FONTANA: *Cessione di contratto,* ya cit., pág. 186. PULEO: *ob cit.,* págs. 87-88, y doctrina allí citada.
Después de entrar en vigor el Código de 1942, ver MESSINEO: *Manuale...,* ya cit., vol. III, pág. 50. CARRARA: *I contratti agrari,* Turín, 1946, págs. 190-92 el cual destaca además lo inatendible de las otras tentativas doctrinales sobre esta materia. TARTUFARI: *Istituzioni di diritto privato,* Padua, 1946, pág. 636.

3 Téngase, sin embargo, presente que el arrendador primitivo y el arrendatario pueden, como siempre, convenir en que el contrato pueda rescindirse en caso de enajenación de la cosa arrendada: en tal caso el adquirente que quiera valerse de esa facultad de rescisión deberá acomodarse al artículo 1.603, que examinaremos más adelante.

tercero adquirente al que es oponible el contrato de arrendamiento si tiene una fecha cierta anterior a la enajenación de la cosa, viene a ocupar *ex lege,* en el contrato de arriendo, el lugar que ocupaba el enajenante. La misma ley (art. 1.602) precisa claramente que el tercero adquirente está obligado a respetar el arriendo, y entra desde el día de su adquisición en los derechos y en las obligaciones derivadas del contrato de arrendamiento.

Interesa en este momento examinar cuál es, en el Derecho vigente, el preciso alcance del principio básico que se acaba de recordar, y el ámbito dentro del cual opera la precitada sucesión *ex lege.* La inoponibilidad del arriendo al adquirente establecida en el párrafo segundo del mismo artículo («la disposición del párrafo anterior no se aplica al arrendamiento de bienes muebles no inscritos en registros públicos si el adquirente ha adquirido su posesión de buena fe») se justifica considerando que la posesión de buena fe de los bienes muebles no inscritos en registros públicos, no puede menos de liberar la cosa del derecho que tenía sobre ella el arrendatario, como la libera de los derechos reales que sobre ella existieran[4]. Por tanto, cuando se trate de bienes muebles no registrados que hayan sido adquiridos por un tercero de buena fe, y que haya conseguido su posesión (aunque el arrendatario siga detentándolos), más bien que dar paso a una sucesión *ex lege* en el contrato de arrendamiento da lugar a la terminación del mismo contrato.

En cuanto a los arriendos de bienes inmuebles sometidos a inscripción (art. 2.643, n. 8) y en concreto no inscritos, el párrafo tercero del artículo 1.599 ha adoptado la solución de admitir la oponibilidad al tercero adquirente dentro de aquellos límites de duración del arrendamiento para los que no se exige la formalidad de la inscripción; es decir, dentro del límite de nueve años desde el principio del arrendamiento, con tal que, ya se comprende, se dé la circunstancia de que en éste conste la fecha cierta y anterior a la enajenación. También aquí, siquiera sea dentro de los límites de tiempo exclusivamente precitados, tiene lugar una sucesión *ex lege* del adquirente en el contrato de arriendo. Resulta evidentemente justificado el último párrafo del artículo 1.599 que establece que el adquirente está obligado en todo caso a respetar el arrendamiento si ha asumido esa obligación en relación con el enajenante.

En relación siempre con el principio básico del artículo 1.599 en su primer párrafo, la ley (artículo 1.600) ha previsto también la hipótesis de que, aun faltando en el contrato de arriendo el requisito de la fecha cierta, sin embargo, la detentación de la cosa arrendada, por parte del arrendatario, sea anterior a la transferencia de la misma. En tal caso el adquirente está obligado a respetar el arriendo durante un plazo correspondiente al establecido para los arrendamientos por tiempo indeterminado (es decir, siguiendo la discriminación formulada en el artículo 1.574 del C. c.). También aquí se

---

4 Cfr. Exposición de Motivos, § 691.

está en presencia, evidentemente, de una sucesión *ex lege* del adquirente en el lugar del enajenante respecto al contrato de arrendamiento, aunque por la misma norma esa sucesión quede delimitada en el tiempo a una duración normalmente más restringida respecto a la primitivamente estipulada por el enajenante y el arrendatario.

Para circunscribir el alcance del principio *emptio non tollit locatum* (del art. 1.599) se consiente, en fin, que el arrendador primitivo y el arrendatario convengan expresamente que el contrato de arriendo *pueda rescindirse* en caso de enajenación de la cosa arrendada. Producida la enajenación, el adquirente que pretenda valerse de la citada facultad de rescisión podrá despedir al arrendatario, respetando el plazo de preaviso establecido por el segundo párrafo del artículo 1.596: en tal caso el arrendatario despedido no tiene derecho al resarcimiento de daños, salvo pacto contrario (artículo 1.603).

Evidentemente, puesto que en todo caso continúa teniendo vigor el contrato original de arrendamiento (pero *entre el adquirente* y el arrendatario), tanto en la hipótesis de que el adquirente no quiera valerse de la facultad de rescisión del contrato de arrendamiento, como en la hipótesis inversa (y más precisamente *durante el indicado período de preaviso)* estamos sustancialmente ante una sucesión *ex lege* del adquirente en el contrato de arriendo, en lugar del enajenante; aunque la misma norma, y para el caso de que el adquirente pretenda rescindir el contrato, imponga un mínimo de continuación (período de preaviso) como oportuna tutela de los intereses del arrendatario.

No obstante la cláusula de la posible rescisión del arrendamiento en caso de enajenación, si el *comprador* ha adquirido la cosa concediendo al vendedor la facultad de rescate, el primero no puede ejercer la facultad de despedir al arrendatario hasta el momento en que su adquisición sea ya irrevocable por haber caducado el plazo fijado para el rescate por el vendedor (art. 1.604). Frente, pues, a una venta con pacto de retro, la misma ley impone al adquirente que pretenda valerse de la pactada facultad de rescisión del arriendo en que ha entrado *ex lege,* la obligación de respetar el arriendo indicado hasta que haya caducado el plazo fijado para el ejercicio del derecho de retro (suponiendo, naturalmente, que tal rescate 110 haya tenido lugar efectivamente).

Siempre en materia de venta con pacto de retro puede haber una hipótesis de sucesión *ex lege* en el contrato de arriendo por parte del *vendedor* que haya ejercido el derecho de rescate. En efecto, aunque este vendedor recupera la cosa exenta de toda carga o de hipoteca que pueda haberse constituido sobre ella, está, empero, obligado a mantener (subingreso *ex lege)* los arrendamientos pactados por el comprador sin fraude, con tal que tengan fecha cierta y se hayan pactado por tiempo no superior a los tres años (art. 1.505 del C. c.).

Una hipótesis con existencia propia y que concreta otro caso de sucesión *ex lege* en el contrato de arrendamiento (por la entrada en él de un nuevo arrendador en lugar del primitivo) es la prevista por el artículo 1.606, el cual establece que en los casos en que el derecho del arrendador sobre la cosa arrendada se extinga con efecto retroactivo, los arriendos pactados por él con fecha cierta se mantienen (subingreso *ex lege)* con tal que se hayan hecho sin fraude y no excedan de un plazo de tres años (salvo diversas disposiciones legales). Otro tanto puede decirse, por ejemplo, en la hipótesis de que el derecho del arrendador sobre la cosa arrendada esté subordinado a condición resolutiva y ésta se cumpla: el nuevo propietario de la cosa le sucede *(ex lege)* en el contrato de arrendamiento, asumiendo los mismos derechos y obligaciones del arrendador originario, con tal que el arrendamiento haya sido estipulada sin fraude, y no exceda de tres años.

Cerramos este tema destacando, en fin, que consideraciones análogas a las hechas respecto al artículo 1.603 deben repetirse también respecto a la cláusula de posible rescisión del contrato de *alquiler* en caso de enajenación de la cosa alquilada, en virtud de lo dispuesto por el artículo 1.625. Según los términos de este último, si se ha convenido (entre el primer arrendador y el arrendatario) que el alquiler pueda rescindirse en caso de enajenación, el adquirente que quiera aplicar esa rescisión deberá observar las disposiciones del artículo 1.616, es decir, dar a la otra parte un *adecuado preaviso* salvo los usos contrarios. Cuando el alquiler tiene por objeto una finca rústica la rescisión debe comunicarse con seis meses de preaviso, y tiene efecto al terminar el año agrario en curso en el momento en que finalice el término del preaviso. Como es claro, ante la indicada cláusula de rescisión, el primitivo contrato de alquiler continúa teniendo valor en todo respecto al adquirente, tanto si éste no pretende valerse de facultad de rescisión, como en la hipótesis inversa (y en ésta, de modo más preciso, durante el período de preaviso). Estamos de nuevo en presencia de una sucesión *ex lege* (en el contrato de alquiler) del adquirente en lugar del vendedor, ya que la misma norma le impone un mínimo de continuación del contrato, en correspondencia con el período antes indicado, cuando intente valerse de la facultad de rescisión.

37. Sucesión en el arriendo, derivada de la venta y de la entrega en pago forzosas de la cosa arrendada (arts. 2.923 y 2.925 del C. c.)

Otras hipótesis de sucesión *ex lege* de un nuevo sujeto en el lugar del primitivo arrendador, en el contrato de arriendo, son aquellas del adjudicatario en la venta forzosa de la cosa arrendada (art. 2.925).

Examinemos, ante todo, la hipótesis relativa a la venta forzosa[5]. El principio base está en el artículo 2.923, párrafo primero, que dispone que los arrien-

[5] Puede prescindirse aquí de la conocida controversia sobre si la adquisición del adjudicatario y del asignatario es a título originario o a título derivativo; en efecto, sea con una u otra solución, cuando se den los presupuestos previstos en los arts. 2.923 y 2.925 Código civ, no es dudoso que, también independientemente de la voluntad de los

dos consentidos por quien ha sufrido la expropiación de los bienes arrendados son oponibles al adquirente si tienen fecha cierta anterior a su pignoración, salvo el caso en que tratándose de bienes muebles (no registrados) el adquirente haya obtenido su posesión de buena fe (y salvo cuanto dispone el párrafo segundo, que examinaremos inmediatamente, para los arriendos de bienes inmuebles por más de nueve años). También en esta materia y para los arrendamientos pactados por el ejecutado, se reafirma, pues, el principio básico de *emptio non tollit locatum,* en perfecta correspondencia, por lo demás, con los principios establecidos por el artículo 1.599, primero y segundo párrafo para las transferencias (voluntarias) a título particular de la cosa arrendada.

No es dudoso que en la primera parte del artículo 2.923, primer párrafo, se está en presencia de una sucesión *ex lege* en el contrato de arriendo de la cosa ejecutada, porque el adquirente, por el solo hecho de haber adquirido la cosa sujeta a ejecución forzosa, subentra *ope legis* en la posición contractual encarnada antes en la persona del primitivo arrendador. La limitación para los bienes muebles, contenida en la segunda parte del párrafo en cuestión, reproduce sustancialmente el principio del artículo 1.599 en su segundo párrafo, el cual, como dijimos en el número anterior, se justifica considerando que la posesión de buena fe de bienes muebles (no inscritos en registro público) no puede menos de liberar la cosa del derecho que sobre ella tuviera el arrendatario, como la libera de los derechos reales que sobre ella existieran.

Por el artículo 2.923, segundo párrafo, los arriendos de bienes inmuebles por período superior a los nueve años que no hayan sido inscritos antes de su embargo, no son oponibles al adquirente más que dentro del plazo de nueve años desde «1 principio del arrendamiento. Trátase, como es evidente, de un principio análogo por completo al ya examinado en el artículo 1.599, párrafo tercero, en la venta voluntaria de cosa arrendada. En cuanto a los arrendamientos sujetos a inscripción y no inscritos, también en el caso de venta forzosa de inmuebles (tanto si se ejecuta en subasta pública como fuera de ella) se ha adoptado la solución de admitir su oponibilidad al adjudicatario, dentro de los límites de duración de los arriendos para los que no se exige la formalidad de la inscripción. También, pues, se trata de una sucesión *ex lege,* evidentemente, del adjudicatario en el contrato de arriendo, aunque sea con la limitación de tiempo precitada.

Queda excluida, en cambio, dicha sucesión en la hipótesis prevista por el párrafo tercero del artículo examinado, el cual establece que en

---

interesados individualmente, se verifica la entrada *ex lege* del adjudicatario y del asignatario en el preexistente contrato de arrendamiento en lugar del primitivo arrendador expropiado.
Sobre la indicada controversia, cfr. en diversos sentidos, CARNELUTTI: *Istituzioni del nuovo processo civile italiano,* Roma, 1942, II, pág. 650. ZANZUCCHI: *Diritto processuale civile,* Milán, 1942, III, páginas 100-110. ANDRIOLI: *Commento al Codice di Procedura Civile,* Nápoles, 1947, III, pág. 72.

todo caso el adquirente no está obligado a respetar el arriendo cuando el precio convenido del mismo sea inferior en un tercio al justo precio o al resultante de anteriores arriendos. Con esta disposición (que no tiene correspondencia en la venta voluntaria) se han querido evitar posibles maniobras fraudulentas, y se ha pretendido tutelar la posición del adjudicatario que no puede ser obligado a respetar arriendos por un precio excesivamente bajo[6].

No da lugar a ninguna dificultad el principio del artículo 2.923, en su párrafo cuarto, cuando (análogamente a lo establecido en el ya examinado artículo 1.600 para la venta voluntaria) establece también para la ejecución forzosa que si el arriendo no tiene fecha cierta, pero la detentación por el arrendatario es anterior al embargo de la cosa arrendada, el adquirente no tiene obligación de respetar el arriendo más que por la duración correspondiente a la establecida para los arriendos por tiempo indeterminado (es decir, según la discriminación hecha por el artículo 1.574). Evidentemente se trata de una sucesión *ex lege* del adjudicatario como en los casos anteriores, aunque la misma norma reduzca la duración del contrato en el sentido que se acaba de exponer.

En fin, el subingreso *ex lege* del adjudicatario en el lugar del ejecutado en el contrato de arriendo estipulado por éste, brota claramente en la situación supuesta en el último párrafo del artículo 2.923, que establece que si en el contrato de arriendo se ha convenido que éste pueda rescindirse en caso de enajenación, el adquirente puede rescindirlo según las disposiciones del artículo 1.603; es decir, según las mismas normas ya examinadas en el número anterior en materia de enajenación voluntaria de cosa arrendada, para la que se haya convenido la posible rescisión del arriendo en caso de enajenación. En efecto, también aquí, tanto si intenta valerse como si no intenta valerse de la facultad de rescisión, hay una sucesión suya *ope legis* en el preexistente contrato de arriendo; por lo menos, en la primera hipótesis, durante el período de preaviso al arrendatario, que está obligado a hacer.

Análogas consideraciones, en fin, deben hacerse para la entrega en pago forzosa de cosas muebles o inmuebles, ya arrendadas, en virtud de la referencia general que a ellas hace el artículo 2.925 del Código civil.

---

[6] A este respecto declara la Exposición de Motivos, § 1.191: «En el párrafo tercero del art. 2.923, que reproduce el párrafo segundo del art. 687, Cód. proc. civ. de 1865, se ha introducido una mejoría sobre éste —que establecía la conocida presunción de fraude en los arrendamientos en que se hubiera estipulado un precio inferior en un tercio al resultante del precedente arrendamiento o de tasación pericial— sustituyendo la presunción de fraude por el dato objetivo consistente en el hecho de que el precio pactado sea inferior en un tercio al justo precio o al resultante de arriendos precedentes.»

38. Sucesión en el contrato de mezzadria» y «colonia parziaria» a consecuencia de la transferencia del derecho de goce de la finca (arts. 2.160 y 2.169 del C. c.)

Ya anteriormente (n. 29) precisamos el alcance de la norma del artículo 2.149, según el cual el cultivador no puede ceder la *mezzadria* sin el consentimiento de quien se la concedió. También observamos que, en cuanto tal consentimiento sea prestado, estamos en presencia de una cesión *negocial* del contrato de *mezzadria* y más precisamente de una transferencia negocial a la persona de un nuevo sujeto (cesionario) de la posición contractual del original (cedente).

Dentro siempre de los reflejos del contrato de *mezzadria* debe considerarse ahora la posibilidad de otro fenómeno de sucesión particular, no ya negocial, sino *ex lege*, en la posición contractual, no ya del cultivador, sino del concedente de .la *mezzadria;* lo cual se produce a consecuencia del ingreso de un nuevo sujeto (en lugar del concedente) en el derecho de goce del fruto concedido en esta forma. Tal ingreso puede derivar del hecho de que el fundo en cuestión haya sido, por ejemplo, vendido, permutado, donado, arrendado, concedido en enfiteusis o en usufructo.

El sujeto que a consecuencia de tales negocios entra en el goce del fundo, por lo general sucede también, a título particular, en su posición contractual al concedente. Establece, en efecto, el artículo 2.160, que si se transfiere el derecho de goce del fundo la *mezzadria* continúa respecto a quien sustituye al concedente, salvo que el cultivador declare que rescinde el contrato dentro de un mes desde la notificación de la transferencia. Evidentemente se está aquí ante una sucesión *ex lege,* porque ante un negocio de enajenación, permuta, donación, etc., del fundo concedido es la misma ley (excepto en caso de la oportuna declaración de voluntad del cultivador) la que establece la consecuencia de la objetiva continuación del contrato y la entrada del nuevo titular (del derecho de goce) en la posición original contractual del que concedió la *mezzadria.* Justamente se ha destacado que hay aquí una analogía con el principio de que la enajenación de la cosa arrendada deja subsistente el contrato de arrendamiento. Más precisamente, puesto que la posición contractual del concedente está estrechamente ligada a su derecho de goce del fundo, la norma une autónomamente a la transferencia (negocial) a un tercero de dicho derecho de goce, la concomitante sucesión de ese mismo tercero en el contrato de *mezzadria* (es decir, en la posición contractual del concedente original). Consecuencia de las premisas es lo dispuesto por el artículo 2.160, segundo párrafo, según el cual los créditos y los débitos del concedente respecto al cultivador resultantes de la *mezzadria* pasan a quien entra en el goce del fundo, salvo, en relación con las deudas, la responsabilidad subsidiaria del contratante originario.

El indicado principio de la sucesión *ex lege* está, empero, suavizado por la misma ley, en interés del cultivador, mediante la citada facultad concedida a este último, de rescindir el contrato; facultad que debe ejercerse mediante la declaración de rescisión (recepticia) dentro de un mes desde la noticia de la transferencia (lo cual supone, lógicamente, que por iniciativa del nuevo o del viejo concedente se dé comunicación al cultivador, sin necesidad de forma alguna, del cambio de la persona del concedente).

Comunicada oportunamente la declaración anterior por el interesado, la rescisión tiene efecto al final del año agrícola en curso, o del siguiente, si no es comunicada, al menos, tres meses antes del final del año agrícola en curso (art. 2.160, párrafo primero). La citada facultad de rescisión está evidentemente en relación con la estructura asociativa del contrato de *mazzadria,* teniendo presente que el cultivador asociado originalmente con un determinado concedente puede no tener confianza en la capacidad técnica o en la rectitud del nuevo concedente (que debe ser su nuevo dirigente); de ahí la oportunidad de consentirle la facultad de rescindir el contrato. Pero, evidentemente, aunque el cultivador ejercite oportunamente el derecho de rescisión, siempre tiene lugar un ingreso *ex lege* del nuevo titular (del derecho de goce) en el preexistente contrato de *mezzadria,* aunque sea por una duración más limitada que la establecida originalmente (es decir, según los casos, hasta el fin del año agrícola en curso, o el del año sucesivo).

Las consideraciones expuestas para la *mezzadria* deben repetirse, en cuanto a los principios para la sucesión *ex lege* de un nuevo concedente en el contrato de *colonia parziaria* cuando haya sido transferido el derecho de goce del fundo concedido en esa forma; y. esto por la referencia general que el artículo 2.169 hace al artículo 2.160 del Código civil.

39. *Sucesión en el contrato de asociación ganadera* (arts. 2.177, 2.185 y 2.186)[a]

Otra hipótesis de sucesión *ex lege* en el contrato es la que se observa en la continuación del contrato de asociación ganadera (*soccida*) por un nuevo contratante cuando el primitivo haya transferido al segundo la propiedad o

[a] Hemos traducido el término italiano *soccida* como «asociación ganadera» por ser ésta la idea expresada con el vocablo italiano.
El contrato de *soccida* tiene por finalidad asociar a quien dispone de ganado para su explotación y quien dispone de medios para esa explotación en todas sus formas, con plena comunidad de intereses, de ganancias y de pérdidas.
No lo traducimos como «aparcería» pecuaria o ganadera, porque en una de las tres formas en que se constituye, la *parciaria,* ambss partea aportan ganado en la proporción convenida, y ambas se convierten en copropietarias proporcionalmente del total reunido, participando como tales en las pérdidas y ganancias. Y esta forma se acerca más a formas propiamente asociativas que a la aparcería.
También en este contrato la dirección de la explotación corresponde a quien aporta el ganado, no solo en la tercera forma, en la que se cambian las aportaciones, puesto que lo concedido es el terreno de pastos para que la otra parte (el ganadero) explote sus propios ganados, sino también en las dos primeras en las que se aporta y entrega ganado a un ganadero para que éste lo explote.

el goce del ganado dado en esta forma de contrato (teniendo en cuenta su forma simple o parciaria), o bien la propiedad o el goce del terreno de pastos (si se trata de este contrato con la concesión de pastos) . La transferencia en cuestión es más frecuente en relación con una venta, donación, concesión en usufructo, o arriendo del ganado o del terreno ya dado en esta forma de contrato ganadero[7].

El sujeto que entra en la propiedad o el goce entra también, *de iure,* en el contrato ganadero, y más precisamente en la posición contractual del primitivo concedente respecto al otro que sigue en el contrato, el cual tiene, empero, la facultad de rescisión del contrato si la transferencia se refiere a la mayor parte del ganado (en el contrato simple) o del terreno de pastos (en el contrato con concesión de éstos). Para el contrato simple dispone el artículo 2.177: «Si la propiedad o el goce del ganado dado en contrato de asociación ganadera se transfiere a otro, *el contrato no se rescinde,* y los créditos y las deudas del transferente, derivados del contrato, pasan al adquirente en proporción a la parte adquirida, quedando a salvo para las deudas la responsabilidad subsidiaria del primer contratante. Si la transferencia se refiere a la mayor parte del ganado el contratante cedido puede, en el término de un mes desde que tuvo conocimiento de la transferencia, rescindir el contrato con efectos al fin del año en curso.»

Evidente resulta la analogía entre la norma en cuestión y la examinada en el número precedente para la *mezzadria* y la *colonia parziaria* (para esta última en virtud de la remisión contenida en el artículo 2.169). Del examen del texto copiado pueden compendiarse así los principios directivos en materia de este contrato ganadero simple:

a) Puesto que la transferencia de la propiedad o del derecho de goce del ganado ya dado en esta forma de contrato no resuelve este contrato, se sigue que si la indicada transferencia se refiere a todo el ganado el nuevo titular (de la propiedad o del goce) entra *ex lege* a ocupar íntegramente la posición contractual del contratante primitivo; en cambio, si la transferencia solo se refiere a una parte del ganado, la entrada *(ex lege)* del nuevo titular en la preexistente relación contractual es en proporción a la parte del mismo por él adquirida, mientras que por la parte restante sigue la relación entre los primitivos contratantes. En la primera hipótesis los créditos y las deudas del concedente primitivo, derivados del contrato, pasan *íntegramente* al nuevo adquirente; en la segunda solo pasan *en proporción a la parte* por él adquirida.

---

[7] Como ya se sabe, mientras en la *soccida parciaria* el otorgante concede la propiedad del ganado en la proporción convenida, en la *soccida simple* otorga el *goce* de todo el ganado, y en la *soccida* con aprovechamiento de pastos, el *goce* de esos pastos. Por tanto, en la *soccida* simple y en la con aprovechamiento de pastos puede ser otorgante no solo el propietario del ganado o de los pastos, sino también quien tenga el goce de los mismos por otro título, y por tanto el usufructuario, el poseedor, el arrendatario, etc.

Debe destacarse, una vez más, que para las deudas sigue la responsabilidad subsidiaria del concedente primitivo (disposición análoga a la ya examinada en la *mezzadria* en virtud del párrafo segundo del artículo 2.160).

b) En la forma simple se concede la facultad de rescisión al ganadero únicamente si la transferencia se refiere a la mayor parte del ganado; con exclusión, por tanto, de tal facultad en la hipótesis de que esa transferencia se refiere a una parte no superior a la mitad del ganado.

c) El ganadero que, dándose los necesarios presupuestos, intente ejercer la facultad de rescisión debe comunicar esa voluntad al nuevo titular (declaración recepticia de voluntad) en el plazo de un mes a contar del momento en que ha tenido conocimiento de la trasferencia, con efecto desde el fin del año en curso[8]. Evidentemente, también en la hipótesis de que este contratante intente valerse de la antedicha facultad tiene lugar, como siempre, una sucesión *ex lege* del adquirente en el preexistente contrato de explotación ganadera, aun cuando solo sea por el tiempo limitado por la misma norma al fin del año en curso.

Todo esto por lo que se refiere a la forma simple.

Pasando a la forma *parciario,* en virtud de la referencia general contenida en el artículo 2.185 deben estimarse extensibles a esta forma de contrato las disposiciones ya examinadas del artículo 2.177 para la hipótesis de que el aportante primitivo del ganado transfiera a un tercero la parte de ganado aportado por él en este contrato. Se producirán, por tanto, también aquí hipótesis de sucesión *ex lege* del adquirente en el precedente contrato, hipótesis sustancialmente análoga a la ya examinada en el tipo simple de este contrato, con la análoga responsabilidad subsidiaria del aportante primitivo por las deudas derivadas del contrato.

Pero como la facultad de rescisión prevista en el último párrafo del artículo 2.177 está subordinada al supuesto de que la transferencia se refiera a la mayor parte del ganado (proporción ésta que debe referirse al conjunto del ganado conferido por ambas partes en esta forma del contrato) se sigue que si el contratante transferente (en relación también con eventuales contratos colectivos o con los usos) solo ha aportado la mitad del ganado, la rescisión por el otro contratante nunca será posible. Esto será así porque, aunque el contratante primitivo enajenase de una sola vez la mitad entera del ganado que le pertenece nunca se daría el presupuesto requerido por la ley a los fines de la rescisión en cuestión (ya que nunca podría resultar transferida la *mayor parte* del ganado).

---

[8] Según CARRARA: *ob. cit.,* pág. 591, la declaración de rescisión (recepticia) debe ser comunicada por escrito, sin observar formas especiales.

En virtud de la referencia que se hace en el último párrafo del artículo 2.186, debe, en fin, estimarse aplicables en principio las disposiciones del artículo 2.177 a la forma consistente en la concesión de pastos. En la hipótesis, por tanto, de transferencia de la propiedad o del goce del terreno de pasto aportado antes por el concedente de este contrato debe estimarse que se produce una sucesión *ex lege* del nuevo titular del terreno en la posición contractual del concedente primitivo. Al otro contratante primitivo corresponderá, pues, la facultad de rescisión del contrato primitivo cuando la transferencia se haya producido respecto a la totalidad o la mayor parte del terreno de pasto, con tal que sea observado el término indicado en el precitado artículo 2.177.

Todo esto en cuanto se refiere a la sucesión *ex lege* en la posición contractual del concedente primitivo a consecuencia de la transferencia de la propiedad o del derecho de goce del ganado, o del terreno de pasto (según los casos) aportados por el primero a este contrato.

Puede suponerse empero (como siempre por acto *ínter vivos,* aspecto que es el único que aquí interesa) la transferencia de la posición contractual del ganadero a un nuevo sujeto, permaneciendo sin cambio el concedente primitivo. Esa transferencia, lejos de configurarse como una hipotética sucesión *ex lege* (correlativa eventualmente a aquella que tiene lugar respecto a la posición contractual del concedente, según el artículo 2.177, al darse los respectivos presupuestos)[9], puede realizarse solamente a base de una normal cesión (negocial) del contrato, según los artículos 1.406 y siguiente y en particular a base del consentimiento de las tres partes interesadas en tal transferencia. Consentimiento tanto más necesario *in subiecta materia,* especialmente por parte del contratante cedido (aportante del ganado o de los pastos), cuanto que la función del criador de ganado es estrictamente personal y está basada sobre la confianza, por lo que el aportante no puede menos de tener interés en su sustitución por un nuevo criador de ganado, que puede no presentar la garantía de capacidad técnica y de honradez contractual ofrecidas por el primero.

9 La norma del art. 2.177, relativa a la transmisión *ex lege* (al nuevo titular) de la posición contractual del otorgante originario, como consecuencia de la transferencia de la propiedad o del goce del ganado, evidentemente en la *soccida* simple solo puede tener aplicación con respecto al otorgante (y no con la otra parte), porque solamente el otorgante aporta el ganado (en goce).
Pero también respecto a la *soccida parziaria* y a la *soccida* con aprovechamiento de pastos predomina la opinión de que la norma establecida (para el otorgante en la *soccida simple)* por el art. 2:177 (que permite a este último la enajenación de la propiedad o del derecho de goce del ganado sin resolución del contrato de *soccida,* que, en cambio, se transmite *ex lege* a la persona del nuevo titular de la propiedad o del goce) no puede valer también para la otra parte que aporte el ganado en parte (como en la *soccida parziaria)* o por entero (como en la *soccida* con aprovechamiento de pastos). Sobre esta cuestión, cfr. ampliamente Carrara: *ob. cit.,* pág. 594 y siguientes.

40. Sucesión en el contrato de seguro relativo a la cosa enajenada. El principio general de la intransmisibilidad, según el derogado Código de comercio

Otro caso de sucesión *ex lege* debe considerarse en la entrada del adquirente en el contrato de seguro que cubría ya la cosa adquirida por él (según los criterios del artículo 1918 del vigente Código civil). Pero como éste innova completamente el Derecho anterior, invirtiendo sustancialmente la regla del artículo 439 del derogado Código de comercio, es oportuno examinar previamente las razones de la nueva orientación legislativa en esta materia.

Puesto que el contrato de seguro contra los daños solo tiene un efecto obligatorio, sin constituir un derecho real sobre la cosa asegurada, con estricto rigor la enajenación de esta última, no podría por sí misma suponer la transferencia automática del contrato de seguro a la persona del adquirente. Tal contrato, por otra parte, en estricto rigor, tampoco podría desarrollar sus efectos en relación con el adquirente, porque éste no ha participado directamente en su estipulación, puesto que, en general, el enajenante, cuando asegura la cosa, no piensa en estipular a favor del adquirente posterior (salvo, por tanto, ya se comprende, una distinta manifestación de voluntad)[10]. Faltando, pues, la transferencia del contrato de seguro a la persona del adquirente, y no pudiéndose estimar, por otra parte, que sea eficaz posteriormente respecto al enajenante (que a consecuencia de la enajenación ya no tiene interés alguno en el seguro), el contrato de seguro debería considerarse, en rigor, como extinguido.

El artículo 439 del derogado Código de comercio seguía, precisamente, esta lógica solución cuando establecía que en caso de enajenación de las cosas aseguradas «los derechos y las obligaciones no pasaban al adquirente, de no haberse convenido lo contrario»[11].

---

[10] A los fines de una transferencia del contrato de seguro que cubra la cosa enajenada, debería recurrirse evidentemente a la normal figura de la cesión del contrato de los arts. 1.406 y sigs.; es decir, a base de un concordado asentimiento del enajenante, del adquirente y del asegurador (contratante cedido), que podría empero negar su consentimiento si no tiene confianza en el nuevo asegurado. SALANDRA, en el *Commentario...,* ya cit., libro IV, *Delle obbligazioni,* pág. 337, destaca exactamente que solo en el caso de que la enajenación de la cosa asegurada tenga lugar como parte de una cesión de hacienda se produciría la sucesión de derecho del cesionario en el contrato, si éste se halla conexo con el ejercicio o explotación de la hacienda, salvo el derecho de rescisión por el asegurador por justa causa (artículo 2.558).

[11] De tal norma se deducía, por tanto, la consecuencia de que tales derechos y obligaciones se extinguían también para el enajenante incluso en el caso de que éste conservase un interés en la existencia de la cosa asegurada, como por ejemplo: si habiéndola vendido no hubiera dejado de estar a su cargo los riesgos. Cfr. SALANDRA: *ob. cit.* últimamente, pág. 337. Sent. Cas. 9 febrero 1927, *Foro Italiano,* 1927, *Assicurazione,* n. 93. Véase también DONATI: *Il contratto di assicurazione nel Codice civile,* Roma, 1943, págs. 206 y sigs.

Sin embargo, en la práctica se derivaban graves inconvenientes de la rigurosa aplicación del principio citado. Ante todo para el asegurador, que al mismo tiempo que tenía interés en la continuación del contrato de seguro, debía sufrir su terminación antes de tiempo; en segundo lugar, para el asegurado enajenante, que era obligado frecuentemente, por una cláusula del contrato, a pagar un tanto de indemnización por la rescisión anticipada del mismo; en fin, para el mismo adquirente de las cosas aseguradas que quedaba sin seguro desde el día de su adquisición hasta la estipulación de un nuevo contrato.

Si a estas consideraciones se añade también otra, consistente en el interés de la colectividad en la conservación de los bienes y los patrimonios amenazados de siniestros, se comprenderá que fuertes exigencias prácticas imponían cada vez con más fuerza la necesidad de reflexionar sobre la conveniencia de debilitar el estricto rigor del principio, es decir, estableciendo que la relación aseguradora, en vez de extinguirse como efecto de la enajenación de las cosas aseguradas debiese, al menos en principio, continuar en la persona del adquirente, o sea, recordando una fórmula gráfica, que el seguro «circulase» unido a la cosa asegurada.

Por otra parte, se ha destacado justamente que al unir automáticamente la transferencia del seguro con la transferencia de los bienes cubiertos por él, se hace más ágil la circulación de las mercancías, y especialmente de aquellas expuestas a graves riesgos (por ejemplo, las transportadas por mar o por el aire) , porque ello permite al comprador adquirir unido a las citadas mercancías el derecho a la indemnización en caso de su pérdida total o parcial. Debe notarse, sin embargo, que la misma norma precitada del artículo 439, al admitir expresamente la validez de un pacto en contra del principio general de la intransmisibilidad, ofreció a la práctica el medio para unir la transferencia del contrato de seguro con la transferencia de la propiedad de la cosa asegurada. Medio de que se valió ampliamente la práctica mediante la cláusula (denominada de *prórroga),* según la cual el propietario de la cosa asegurada se obligaba a transferir el contrato de seguro al adquirente en caso de enajenación de la cosa asegurada. Pero, naturalmente, además de la indicada Voluntad del enajenante se requería, a los fines de la transferencia del contrato de seguro, el consentimiento del adquirente a entrar en ese contrato de seguro, no menos que el del asegurador aceptando a este último como parte nueva del mismo contrato: teniendo presente, de todos modos, que, por lo general, el asegurador se reserva el derecho de no aceptar al nuevo asegurado, y, por tanto, rescindir el contrato[12].

[12] Como observa a este respecto SALANDRA: *ob. cit.,* pág. 338, los pactos aludidos podían tener valor para el enajenante, únicamente obligatorio; si no fueran observados podían dar lugar solamente al resarcimiento de daños, liquidados a menudo previamente a título de cláusula penal en un año de primas, quedando el asegurado exonerado del pago de las primas sucesivas.

41. Sigue la misma materia: El principio opuesto de la transmisión «ex lege», según el vigente Código civil (art. 1918) y el Código de la Navegación (art. 517)

Bajo la presión de las exigencias que se acaban de recordar el nuevo Código civil, de acuerdo con los deseos de la doctrina, e inspirándose en esta materia en el ejemplo de las legislaciones extranjeras más progresivas (alemana, francesa, sueca y suiza)[13], ha modificado radicalmente la regla del artículo 439 del Código de comercio derogado, estableciendo (artículo 1.918) el principio general de que la enajenación de las cosas aseguradas no es causa de rescisión del contrato de seguro, el cual se transfiere, en cambio, automáticamente al adquirente, salvo el caso en que se niegue a ello el propio adquirente, o el asegurador (según las modalidades que veremos inmediatamente) .

Existe, pues, una transferencia *ex lege* de la relación aseguradora del enajenante al adquirente a consecuencia de la enajenación de las cosas enajenadas, y desde el momento en que se realiza el respectivo paso de propiedad[14], dándose de este modo la gran ventaja de que las cosas no queden sin asegurar ni por un instante. A consecuencia de esta transmisión automática, y salvo que sea ejercida a su debido tiempo la facultad de negarse a ella que acabamos de recordar, pasan al adquirente los derechos y obligaciones del enajenante respecto al asegurador por virtud del originario contrato de seguro.

También este caso examinado revela claramente todos los extremos de una sucesión *ex lege* del contrato. A consecuencia de la misma, como es claro, el asegurador podrá oponer al adquirente todas las excepciones oponibles antes al enajenante en virtud del originario contrato de seguro, con exclusión de aquellas personales, extra-aseguradoras, del mismo enajenante.

Ahora se impone hacer algunas consideraciones sobre la esfera de aplicación del artículo 1.918. La regla, en su formulación literal, refleja la hipótesis de la enajenación de *cosas aseguradas* (una o más) y presupone que el adquirente tenga algún interés en la continuación del contrato de seguro que, por razones obvias, ya no tiene el enajenante. A este propósito se ha observado, eficazmente, que el seguro sigue a la cosa aquí, puesto que se considera como un accesorio suyo, destinado a compensar su valor cuando sufra totalmente o solo en parte.

La cosa asegurada y posteriormente enajenada debe ser una cosa *determinada;* debe estimarse, en consecuencia, que si está asegurada una universali-

---

[13] Para esas legislaciones extranjeras, cfr. DONATI: *ob. cit.,* página 208, así como las obras de KISCH, BRUCH, EHRENZWEIG, allí citadas.

[14] Para la refutación de otras tesis que conducirían la transferencia de la relación aseguradora a un momento distinto al del paso de la propiedad de uno a otro, ver DONATI: *ob. cit.,* págs. 212 y siguientes.

dad de cosas (por ejemplo, todos los muebles contenidos en una casa), el contrato de seguro no se transfiere *pro parte* al adquirente de alguno de esos muebles solamente, sino que solo se transfiere cuando la enajenación afecta a todos ellos[15].

En su referencia directa el artículo 1.918 afecta, evidentemente, a la enajenación de la propiedad de la cosa asegurada; sin embargo, por analogía se estima aplicable en la hipótesis en que el asegurado no sea el propietario de la cosa, sino que sea una persona interesada en su conservación, con tal, empero, que sean enajenados todos sus derechos sobre la cosa misma (y no ya solo una parte de ellos); por ejemplo: si se trata de un seguro pactado por el acreedor hipotecario en caso de enajenación del crédito[16].

Examinemos ahora, brevemente, en virtud de qué presupuestos tiene lugar la sucesión en el contrato de seguro, con su pleno efecto de liberar al enajenante de toda obligación derivada del mismo contrato, y sustituir a éste por la persona del adquirente en su posición contractual. A tal fin es necesario, en primer lugar, que el enajenante comunique al asegurador la enajenación producida, y al adquirente la existencia del contrato de seguro; doble *carga*[17], pues, para el enajenante, cuya inobservancia supone la sanción *(latu sensu:* carácter indirectamente sancionador de la carga) que examinaremos en seguida. Para esa doble comunicación no se prescribe ninguna forma especial, y el respectivo cumplimiento por el enajenante puede ser probado por cualquier medio. La razón de esa comunicación se entiende claramente al considerar que la transferencia *ex lege* del contrato de seguro reposa sobre la presunta voluntad de las partes, las cuales pueden impedirla con una declaración en contra; ahora bien, para estar en condiciones de ejercer este derecho las partes deben tener conocimiento de la enajenación y de la automática transferencia del seguro que irá unido a la primera si no interviene una voluntad diferente de las mismas partes.

En el supuesto de que se omita esa doble notificación, en vez de quedar liberado el enajenante de las obligaciones derivadas del contrato de seguro queda vinculado todavía por ellas, y en particular al pago de las primas vencidas después de la fecha de la enajenación (además, naturalmente, de las vencidas anteriormente); y esto aun cuando en caso de siniestro no se deba ya la suma asegurada al dicho enajenante, que a consecuencia de la enajenación realizada ha perdido todo interés en la conservación de la cosa asegurada[18].

---

15 Cfr. SALANDRA: *ob. cit.,* pág. 342.

16 SALANDRA: *loc. últim. Cit.*

17 DONATI: *ob. cit.,* pág. 214.

18 Cfr. SALANDRA: *ob. cit.,* págs. 339 y sigs., también para las hipótesis siguientes: *a)* que se dé comunicación de la enajenación al asegurador, pero no también al adquirente, de la existencia del contrato del seguro; b) que se ponga ésta en conocimiento del adquirente, pero qué no sé comunique la primera al asegurador.

A los fines de la transferencia *ex lege* del contrato de seguro a la persona del adquirente es necesario, en segundo lugar, que el asegurador o el adquirente interesado no se hayan valido en concreto de la facultad de rescisión del contrato que les consiente la ley. Facultad que se justifica ampliamente considerando que la transferencia *ex lege* indicada se funda sobre una presunta voluntad de las partes, las cuales, en el caso concreto, podrían, sin embargo, disentir de la transferencia en cuestión (en cuanto que el asegurador puede no tener confianza en la solvencia o en la rectitud del adquirente, y éste, por su parte, puede querer renunciar sin más al seguro, o dar la preferencia a otro asegurador).

El término para esa rescisión por parte del adquirente (que, lógicamente, según cuanto ya se ha dicho, se presupone informado de la existencia del contrato de seguro) es de diez días desde el vencimiento de la primera prima posterior a la enajenación (prima cuyo pago le exigirá el asegurador). Por tanto, la rescisión con la que el adquirente declare que no pretende continuar en el contrato de seguro, debe ser manifestada dentro de esos diez días precitados (aunque no llegue también dentro de ellos al asegurador). En cuanto a la forma de esa rescisión prescribe la ley la carta certificada; pero también puede considerarse idónea una forma más solemne (por ejemplo: documento judicial), pero no otra menos solemne (por ejemplo: una simple carta o una manifestación verbal). La rescisión opera inmediatamente, pero dada la indivisibilidad de la prima se le deben al asegurador las primas relativas al período de aseguración en curso. Por sí misma la rescisión del adquirente no autoriza al asegurador a pedir una indemnización por la resolución anticipada del contrato; sin embargo, de todos modos puede haberse previsto tal indemnización *convencionalmente,* a cargo del enajenante.

Para el asegurador el término para esta rescisión también es de diez días a partir de aquel en que tuvo noticia de la enajenación (o a base de la comunicación que le haya hecho el enajenante, o, *aliunde,* en virtud de otras fuentes de información;. La rescisión por el asegurador del contrato de seguro, empero, más bien que inmediatamente solo tiene efecto después de un preaviso de quince días dado al adquirente, con el fin de permitir a este último el tiempo necesario para estipular otro contrato de seguro, sin quedar al descubierto en el intervalo.

En esta hipótesis, aun cuando solo sea para el breve período indicado, no nos parece dudosa una sucesión *ex lege* del adquirente en el contrato de seguro preexistente, sustituyendo al enajenante.

La ley dispone que el preaviso indicado puede ser dado también mediante carta certificada»; locución ésta interpretada en el sentido de que también puede ser usada otra forma distinta, pero que la forma en cuestión constituye el medio más seguro, y exime de tener que probar que la comunicación ha llegado a conocimiento de la otra parte[19].

[19] Cfr. Salandra: *ob. cit.,* pág. 341; en contra. Donati: *ob. cit.,* página 217.

Destacamos, por último, en relación con el último párrafo del artículo 1.918, que la transferencia automática del contrato de seguro en la persona del adquirente, se produce sin necesidad de alguna comunicación al asegurador, y sin posibilidad de rescisión por éste y por el adquirente cuando *ab initio* haya sido destinado el contrato de seguro a la circulación emitiendo una póliza a la orden o al portador.

Esto basta en cuanto a la enajenación de las cosas aseguradas, en relación con los criterios generales señalados por el artículo 1.918 del Código civil. Sin embargo, esos criterios sufren una modificación en virtud del artículo 517 del Código de la Navegación en cuanto se refiere a la circulación del contrato de seguro de las mercancías, aunque permanece sin modificación el principio base de que la enajenación no es causa de resolución del contrato de seguro. Según este artículo 517, en caso de cambio de la persona del asegurado, el seguro de las mercancías continúa a favor del nuevo asegurado, sin que deba darse aviso alguno de ese cambio al asegurador; y tanto éste como el nuevo asegurado no puede rescindir el contrato por causa del cambio efectuado. Como advierte la Exposición de Motivos (núm. 327), se ha pretendido codificar aquí la práctica de las ventas de mercancías por medio de documentos, en los que el seguro de mercancías, aunque conste en póliza nominativa, circula con la mayor libertad de formas. De este modo es también evidente que se ha pretendido extender sustancialmente a las mercancías aseguradas la regla fundamental establecida por el artículo 1.918 del Código civil para la enajenación de las cosas aseguradas. Justamente se ha observado, en efecto, que si la cobertura continúa a favor del nuevo asegurado, esto quiere decir que la enajenación no es causa de resolución del contrato, y que el adquirente continúa obligado a pagar las primas, transfiriéndose a él los derechos y obligaciones del primitivo asegurado[20].

Hay, sin embargo, como antes observábamos, alguna diferencia respecto a la disciplina del artículo 1.918; es decir, que el cambio del titular del derecho sobre las mercancías no consiente la facultad de rescisión en el asegurado ni en el asegurador. Por eso se ha observado (por Lordi) que el artículo 517 del Código de la Navegación viene a realizar sustancialmente el ideal económico de un contrato de seguro que cubra indiferentemente la cosa asegurada, cualquiera que sea su propietario, de modo que el seguro sigue constantemente al riesgo que corre el interesado, de igual modo que la servidumbre sigue al fundo, como *qualitas fundi,* cualquiera que sea su propietario.

42. Sucesión en los contratos estipulados para la explotación de la hacienda

Establece el artículo 2.558: «Si no se ha pactado de otro modo el adquirente de la hacienda subentra en los contratos estipulados para la explotación de la

[20] Cfr. Brunetti: *Manuale del diritto della navegazione marittima ed interna.* Padua, 1947, pág. 358.

misma hacienda que no tengan carácter personal. El tercero contratante puede, sin embargo, rescindir el contrato dentro de los tres meses desde la noticia de la transferencia si existe justa causa para ello, salvo en este caso la responsabilidad del enajenante. Las mismas disposiciones se aplican respecto al usufructuario o el arrendatario en relación con la duración del usufructo y del arriendo».

Estamos aquí frente a un subingreso de derecho, de una sucesión *ope legis* del adquirente de la hacienda en los contratos referentes a la misma hacienda, siempre que no tengan carácter personal[21]. Subingreso *ex lege* que está excluido, empero, en la hipótesis de pacto distinto existente entre el enajenante y el adquirente de la hacienda. Cuando se den los requisitos previstos por la norma precitada, el adquirente de la hacienda entra en la posición contractual del enajenante (que queda fuera del contrato consiguientemente), y queda único responsable en adelante de su ejecución en relación con el tercer contratante[22].

Trátase de un efecto que autónomamente liga la norma al hecho de la enajenación de la hacienda; y esto en relación con la presumible voluntad de los contratantes y con la exigencia (según un interés incluso colectivo) de realizar una transferencia orgánica del conjunto haciendal[23]. El paso en blo-

---

21 En nuestra opinión, debe estimarse, por tanto, inatendible la tesis de que el art. 2.558 tenga en cuenta una hipótesis de cesión de contrato, aun cuando con derogaciones más o menos importantes respecto a los principios generales de los arts. 1.406 y sigs. Cód. civ. (Ferrara (hijo): *La teoria giuridica dell'azienda,* Florencia, 1945, páginas 370-75. [Hay trad. española por *Rev. Derecho Privado.]* Auletta, en *Commentario...,* ya cit. (dirigido por Scialoja y Branca), lib. V, páginas 51 y sigs.) En cambio, Vitale ha reafirmado eficazmente que la norma precitada disciplina una hipótesis de sucesión *ex lege* en los contratos relativos a la hacienda: *Note in margine all'art.* 2.558 *Cod. civ. (successione nei contratti per l'esercizio dell'azienda),* en *Foro Italiano,* 1948, I, págs. 172 y sigs., a cuyos razonamientos nos remitimos. En igual sentido, ya antes, Santoro-Passarelli: *Dottrina generale del contratto,* Milán, 1944, págs. 351 y sigs. Trimarchi: *Subingresso nel contratto e cessione di azienda,* en *Giurisprudenza completa della Corte Suprema di Cassazione,* 1946, II, pág. 640.

22 Como se verá más adelante, el legislador ha previsto una derogación a tal norma, en el sentido de que junto a la responsabilidad del adquirente permanece la responsabilidad *solidaria* del enajenante (de la hacienda), en relación con los contratos de trabajo del personal empleado en la hacienda (art. 2.112), sobre los que trataremos en el número siguiente.

23 Y, en efecto, la Exposición de Motivos (§ 1.039) observa que la visión real de las exigencias del tráfico hace indispensable secundar la circulación de aquellos *valores económicos* que están representados por contratos ya estipulados por el empresario, y *que para algunas categorías de haciendas representan el elemento principal.* Se trata de contratos en los que, por lo regular, el elemento personal tiene una importancia completamente secundaria, por lo que en la generalidad de los casos *responde a la misma presumible voluntad de los contratantes* el que perdure el vínculo incluso en la hipótesis de enajenación de las haciendas.

que de los contratos haciéndales (impersonales) del enajenante al adquirente, en la normalidad de los casos, responde a la voluntad de todos los interesados. En efecto, se ha notado justamente que el enajenante no tiene interés en conservar para sí los contratos aludidos sin la hacienda; el adquirente no tiene interés en poseer la hacienda sin los contratos; y el tercero, en fin, no tiene interés en conservar como contratante suyo al enajenante privado ya de su hacienda.

Por tanto, mientras en la cesión técnica de contrato la sustitución del cedente por el cesionario solo se produce si, en concreto, además del consentimiento del cedente y del cesionario concurre también el del tercer contratante, en esta materia el efecto de la sucesión del adquirente (de la hacienda) en los contratos haciéndales (no personales) se determina *ope legis*, automáticamente, en virtud del simple presupuesto de la transferencia de la hacienda: la voluntad del tercer contratante, en particular, es aquí importante y directamente operativa de efectos jurídicos solo y en cuanto el citado tercero se valga de la facultad que la misma norma le reconoce para resolver y neutralizar aquel efecto natural de la sucesión que va ligado a la enajenación de la hacienda.

Establecido esto, examinemos ahora más detenidamente cuáles son las condiciones para la transferencia *ex le ge* del contrato. Es necesario, ante todo, que el contrato haya sido estipulado para la explotación de la hacienda; o sea, es preciso que haya un vínculo de conexión entre el contrato y la actividad haciendal, porque si fuera de otro modo, si el contrato fuera extraño a la hacienda, la enajenación de ésta no podría importar, lógicamente, la transferencia automática del primero a la persona del adquiriente de la misma hacienda. Es necesario, en segundo lugar, que no se trate de un contrato personal, es decir, que no haya sido pactado *intuito personae*, con referencia exclusiva a la persona física del primitivo titular de la hacienda. En efecto, en caso distinto, el tercer contratante, por efecto de la sustitución del adquirente en la posición contractual del enajenante, vendría a recibir una prestación distinta de la originariamente estipulada, en cuanto que la nueva parte contractual (adquirente de la hacienda) no reproduciría en sí, normalmente, aquellas cualidades personales en función de las cuales había estipulado originariamente el tercer contratante. Ahora bien, si la norma —para secundar las exigencias del tráfi-

Sobre el carácter innovador del art. 2.558 respecto a la legislación anterior, cfr. TRIMARCHI: *Subingresso...*, ya cit., *loc. cit.* pág. 664, quien concluye que en la legislación precedente el subingreso legal del adquirente en las relaciones contractuales de la hacienda no estaba previsto por norma alguna, ni estaba legitimado por ningún principio general. Tal cosa debía estimarse admitido solamente en algunas hipótesis excepcionales previstas por específicas disposiciones legislativas. Para un examen del vigente art. 2.558 en relación con el controvertido problema de la naturaleza jurídica de la hacienda, cfr. DE MARTINI: *Azienda, cessione di azienda e successione nei contratti inerenti al suo esercizio con particolare riguardo al contratto di locazione*, en *Giurisprudenza completa della Corte Suprema di Cassazione*, 1946, I, pág. 596 y sigs.

co– puede disponer oportunamente la recordada sucesión *ex lege* y la circulación automática de los contratos *haciéndales* cuando se trate de relaciones contractuales de carácter impersonal (es decir, de valores económicos que no sufren una alteración objetiva en su circulación), la misma norma caería en contradicción consigo mismo y con el principio del art. 1.372 (que excluye la posibilidad de una modificación *unilateral* del contrato estipulado) si llegara a disponer la mencionada sucesión *ex lege* igualmente en las consecuencias de los contratos *personales* (que con la transferencia de uno a otro sujeto sufren inevitablemente modificaciones correlativas a las distintas cualidades personales del sujeto sustituyente).

La transferencia de los contratos en cuestión se sustrae, pues, necesariamente a la mencionada circulación automática ligada a la transferencia de la hacienda, y para ser realizada requiere imprescindiblemente una específica intervención *ad hoc* de todas las voluntades interesadas (y en particular del tercero contratante). A falta de tal consentimiento, el contrato personal, en vez de transferirse a la persona del adquirente de la hacienda, sigue siempre encarnado en el enajenante, el cual si a consecuencia de la enajenación de la hacienda (debida, evidentemente, a su voluntad) llegara a encontrarse en la imposibilidad de cumplir esos contratos, según los principios generales, será responsable de los daños causados a la otra parte contratante.

Como ya se ha destacado antes, si el tercer contratante presta su consentimiento, pueden pasar al adquirente de la hacienda también los contratos personales, con tal que se den los presupuestos y sean respetadas las normas generales de la cesión de contrato según los términos del artículo 1.406 y siguientes. En tal caso, *al lado* de la mencionada sucesión *ex lege,* que afecta a todos los contratos de carácter impersonal estipulados para la explotación de la hacienda, habrá allí una verdadera y propia cesión técnica de contrato, derivada de los principios generales ya examinados a su tiempo, respecto a los contratos personales cuya transferencia ha sido autorizada.

El carácter personal del contrato, a los fines de su exclusión de la mencionada sucesión *ex lege,* deberá deducirse del contenido del mismo contrato, de su causa, de las particulares circunstancias que han acompañado a la estipulación. Algunos tipos contractuales, por su misma naturaleza objetiva, revelan automáticamente, por lo general, el carácter personal antedicho. Así puede decirse, por ejemplo, de la asociación en participación, no pudiéndose imponer al asociado que continúe la participación con el adquirente (de la hacienda) en el que, al menos como cosa normal, no puede tener el asociado aquella confianza que lo empujó a estipular la asociación con el ahora enajenante. Superfluo es, por tanto, destacar que en su generalidad los contratos de la hacienda no son personales, y por ello están sujetos a la transferencia automática en cuestión, a consecuencia de la enajenación de la hacienda.

El segundo párrafo del precitado artículo 2.558 ha querido tener en cuenta la posibilidad de que, aun no tratándose de contratos personales, la transmisión automática de los mismos, junto con la hacienda, puede resultar un perjuicio para el tercer contratante. Para evitar tal perjuicio concede la ley a este último la facultad de rescindir el contrato si existe justa causa. Tal rescisión debe ejercerse, so pena de caducidad,, dentro de los tres meses desde el día en que el tercer contratante haya tenido concreta y efectiva noticia de aquella transmisión. Transcurrido el trimestre indicado, sin que se haya ejercido el derecho de rescisión, la sucesión *ex lege* del adquirente (de la hacienda) en los contratos haciéndales impersonales se hace definitiva.

Como conclusión sobre las divergencias doctrinales en esta materia, opinamos que la oportuna declaración de rescisión por parte del tercero, más bien que impedir el paso del contrato a la persona del adquirente de la hacienda, tiene el efecto de desatar el contrato mismo desde que éste ha sido transferido a la persona del adquirente como consecuencia de la indicada sucesión *ope legis*[24].

El segundo párrafo del artículo 2.558, en la hipótesis de rescisión por el tercero en virtud de justa causa, declara textualmente, «salvo la responsabilidad del enajenante, en este caso». Si el tercer contratante puede probar que la enajenación de la hacienda le produce un daño (y la rescisión solo se concede por *justa causa)* es lógico que de este daño sea resarcido por el enajenante, puesto que la enajenación es un acto voluntario de este último.

No es necesario destacar, pues, que mientras que el subingreso *ex lege* en los contratos haciéndales previsto en el artículo 2.558, párrafo primero, es definitivo (siempre que se den los respectivos presupuestos), el subingreso *ex lege* previsto (para los mismos contratos) en el último párrafo del mismo artículo, está limitado, por el contrario, a solo la duración del usufructo y del alquiler.

Cerramos este punto destacando que, en virtud de la reserva inicial del artículo 2.558, la estudiada circulación automática de los contratos haciéndales tiene lugar si las partes contratantes no han pactado otra cosa; pero para ser oponibles a terceros esos pactos deben haberse dado a conocer a los mismos, pues en otro caso los terceros tienen derecho a pensar que los contratos se han transferido juntamente con la hacienda, con la consecuencia de que deben estimarse válidos e inimpugnables todos los actos realizados por ellos con el adquirente de la hacienda en orden a dichos contratos (cumplimientos, prórrogas, etc.).

---

24 Para una eficaz demostración, cfr. VITALE: *ob. cit.*, col. 173 y sigs., que refuta ampliamente la tesis contraria, según la cual la declaración de rescisión tendría un doble valor, porque de un lado impediría la transferencia del contrato (que seguiría, por tanto, en la persona del enajenante de la hacienda) , y por otro lado constituiría una resolución del contrato operada por la autoridad del tercero, por incumplimiento del enajenante obligado al resarcimiento de daños.

43. Sucesión en los contratos de trabajo en virtud del artículo 2.112

En la hipótesis de transferencia de la hacienda se ha establecido una disciplina particular por el artículo 2.112 del Código civil para los contratos de trabajo que efectan a los dependientes de la hacienda transferida, cualquiera que sea el grado o condición atribuidos a éstos; disciplina que se aplica no solo en la hipótesis de una verdadera enajenación de la hacienda, sino también cuando haya sido en usufructo o arriendo.

Con la norma en cuestión ha querido asegurar el legislador que cuando falte cualquier declaración de voluntad por parte del que es dador de trabajo (enajenante o adquirente) el contrato de trabajo prosiga según el régimen originariamente establecido por los contratantes, sin que por la transferencia pueda deducirse perjuicio alguno para el contratante débil (el trabajador. Según éste principio básico se explica fácilmente el primer párrafo que establece que si el enajenante no ha puesto fin al contrato en tiempo oportuno y válido el contrato de trabajo *continúa con el adquirente,* y el prestador de trabajo conserva los derechos derivados de la antigüedad alcanzada antes de la transferencia. A los fines de nuestra investigación presenta particular interés esta hipótesis, es decir, la de que el enajenante no haya puesto fin al contrato de trabajo con sus dependientes.

Evidentemente estamos aquí en presencia de una sucesión *ope legis*[25] del adquirente de la hacienda en los contratos de trabajo que afectan al personal de la hacienda transferida; sucesión que tiene lugar por efecto de la misma transferencia de la hacienda, independientemente de toda intervención *ad hoc* de las voluntades interesadas (enajenante, adquirente, trabajador) .

El vínculo de solidaridad pasiva establecido para el adquirente y el enajenante por el segundo párrafo del artículo 2.112 es, evidentemente, una cautela prudente en favor del trabajador. Más precisamente, según la fórmula legislativa el adquirente está obligado solidariamente con el enajenante en todos los créditos que el prestador de trabajo tenía en el momento de la transferencia por el trabajo prestado (es decir, frente al enajenante), siempre que el adquirente haya tenido conocimiento de ellos en el acto de esa transferencia, o que los créditos resulten de los libros de la hacienda transferida, o de los libros de trabajo. Pero, naturalmente, la precitada responsabilidad solidaria está excluida (en cuanto a los créditos que se acaba de indicar) cuando el

[25] De acuerdo SANTORO-PASSARELLI: *Nozioni di diritto del lavoro,* Nápoles, 1948, pág. 133, quien observa que la sucesión del empresario en los contratos de la empresa, y en especial en los de trabajo, debe estimarse establecida por la ley no solo en el caso de transferencia de la hacienda y en los otros previstos textualmente del usufructo y del arriendo de la hacienda (art. 2.112, § 4), sino también en cualquiera otro en que la empresa permanezca cambiándose el empresario. Por tanto, por ejemplo, también en los casos de restitución de la hacienda al término del usufructo o del arriendo, y en el de la sustitución del arrendatario cedente por un nuevo arrendatario.

adquirente de la hacienda no haya tenido conocimiento de ellos en el acto de la transferencia, o resulte que no puede tener noticia de ellos a través de los medios aludidos; En estas hipótesis el adquirente queda exonerado por completo de toda responsabilidad respecto a los trabajadores, que grava, por el contrario, exclusivamente sobre el enajenante.

Hasta aquí, en la hipótesis de que el dador de trabajo enajenante no haya rescindido el contrato de trabajo con el dependiente.

Pero es preciso considerar también las varias hipótesis en que el contrato de trabajo, con ocasión de la transferencia de la hacienda, haya sido rescindido en cambio; lo cual puede haber tenido lugar a instancia del *dador de trabajo enajenante,* o del *dador de trabajo adquirente,* o, en fin, *del mismo trabajador.* Es necesario examinar por separado estas tres hipótesis, y las diversas situaciones jurídicas conexas con las mismas, por el interés que presentan a los fines directos de nuestro estudio.

El empresario enajenante puede, ante todo, rescindir el contrato con el trabajador «en tiempo útil» (para repetir la fórmula legislativa), es decir, puede dar el adecuado preaviso al trabajador, de modo que ese preaviso venga a caducar antes de la transferencia de la hacienda. No hay duda alguna de que en este caso el empresario enajenante deberá liquidar a su dependiente la compensación debida por la resolución del contrato, según las normas generales, que no hay razón alguna para que sean derogadas por la supuesta inminencia de la transferencia de la hacienda. Evidentemente, puesto que se ha supuesto que el contrato de trabajo deja de existir respecto al mismo enajenante, no hay que hablar aquí de sustitución alguna *ex lege* en el trabajo por parte del futuro adquirente de la hacienda.

Puede, en cambio, suceder que la rescisión del contrato por el enajenante se haga de tal modo que el período de preaviso para su terminación venza en momento posterior al de la enajenación de la hacienda. En tal caso, el contrato de trabajo, prosigue aun después de esa transferencia con el adquirente hasta que venza el plazo del preaviso. El trabajador, naturalmente, conserva los derechos de antigüedad alcanzada antes de la transferencia de la hacienda; a los fines del cálculo de la indemnización de antigüedad deberá ser computado, por tanto, lógicamente, también el período correspondiente a la fracción de preaviso transcurrida en dependencia del nuevo adquirente.

En cuanto a las *relaciones internas* entre enajenante y adquirente respecto a la liquidación del obrero, cada uno de los dos, sujetos indicados (salvo un distinto pacto entre ellos) estará obligado por lo correspondiente al período durante el que el trabajador haya estado bajo su dependencia. Más precisamente, el enajenante, por el período que va desde el momento en que tomó al trabajador hasta el momento de la transmisión de la hacienda; y el adquirente, por el período posterior correspondiente a la fracción del preaviso de despido transcurrido bajo su dependencia. En todo caso, y respecto a las *relaciones externas* del enajenante y el adquirente en relación con el trabajador, también en esta hipótesis vuelve a ser aplicable el principio (art. 2.112, párrafo segundo) de que el adquirente está *obligado solidariamente* con el enajenante por todos los créditos que el trabajador tenga al tiempo de realizarse la transmisión por su trabajo prestado, incluidos aquellos que tienen su causa en el despido comunicado por el enajenante, siempre que el adquirente haya tenido conocimiento de ellos en el momento de la transferencia, o los créditos resulten de los libros de la hacienda transmitida o del libro de trabajo. Si no se dan estas circunstancias responderá de tales créditos, derivados del servicio prestado exclusivamente bajo la dependencia del enajenante, únicamente este último.

Pero lo que más interesa destacar a los fines directos de nuestro estudio es que también en la hipótesis examinada se produce una sucesión *ex lege* del adquirente en el contrato de trabajo, y más precisamente por aquel período de tiempo predeterminado correspondiente a la fracción de preaviso de despido que debe trabajar todavía el trabajador bajo las órdenes del adquirente.

Se debe examinar ahora la hipótesis de que el despido, o rescisión del contrato de trabajo, haya sido hecha por el adquirente en vez de por el enajenante, después de perfeccionada la transmisión de la hacienda (por ejemplo, porque el nuevo titular no encuentre en algunos elementos del personal, especialmente si se trata de cargos directivos, aquellas cualidades que considere indispensables).

Es lógico que en esta hipótesis el adquirente de la hacienda deberá dar al dependiente licenciado por él el preaviso y la indemnización de terminación de contratos correspondientes a la antigüedad que el trabajador haya alcanzado, bien bajo el enajenante, bien bajo el adquirente mismo. Naturalmente, también en esta hipótesis debe estimarse que a consecuencia de la transmisión de la hacienda se ha producido una sucesión *ope legis* del adquirente (en el lugar del enajenante) en los diversos contratos de trabajo con el personal de la hacienda, y también aquí se produce la responsabilidad solidaria del enajenante y del adquirente para con el trabajador cuando se den los presupuestos indicados en el párrafo segundo del artículo 2.112 del Código civil.

Puede suceder, en fin, que la rescisión del contrato de trabajo provenga del mismo trabajador, por creer que no puede continuar el mismo contrato con el nuevo patrono. En cada caso puede producirse esa rescisión antes de la transmisión de la hacienda o después de ella. En el primer caso (evidentemente en relación con el enajenante) puede suceder que el período de preaviso termine antes de la fecha de la transmisión, o que, por el contrario, se prolongue en parte una vez verificada ésta. Si se termina completamente bajo la dependencia del enajenante no hay lugar, evidentemente, a hablar de un eventual subingreso *ex lege* del adquirente, de modo limitado a la fracción del período del preaviso que debe cumplirse bajo la dependencia del mismo adquirente.

Si el trabajador da el preaviso después de perfeccionada la transmisión de la hacienda (y por consiguiente en relación con el adquirente de ésta), también aquí debe presuponerse lógicamente que se ha producido *ope legis* la sucesión del adquirente en el contrato de trabajo según los términos del artículo 2.112 (por no haber intervenido para nada, por hipótesis, el enajenante en esa rescisión del contrato).

En todos estos casos, pues, y en las relaciones entre el enajenante y el adquirente respecto al trabajador, es preciso tener en cuenta el principio básico contenido en el párrafo segundo del artículo 2.112: para todos los créditos que el trabajador tenga al tiempo de la transmisión, provenientes del trabajo prestado, el enajenante y el adquirente están obligados solidariamente respecto al trabajador cuando se den los presupuestos de hecho precisados en la última parte del párrafo precitado; cuando, por el contrario, no se den dichos presupuestos, el enajenante responde por sí solo de los créditos correspondientes al trabajador por los trabajos que a él solo le ha prestado.

Unas breves consideraciones, por último, sobre el tercer párrafo del artículo que estamos estudiando.

Para todas las hipótesis planteadas hasta aquí en las que se produzca una responsabilidad solidaria del enajenante y del adquirente (según los términos del párrafo segundo del artículo 2.112), el trabajador puede consentir en la liberación del enajenante de sus obligaciones derivadas de la relación laboral, con la intervención de las asociaciones profesionales a que pertenezcan el empresario y el trabajador. Como advierte la Exposición de Motivos ministerial (§ 854), con tal disposición se ha tenido en cuenta la gravedad de la carga que impone al enajenante la persistencia de su .responsabilidad por las deudas contraídas durante su gestión, especialmente en la hipótesis de que, continuando la relación de trabajo con el adquirente, solo en un término futuro e imprevisible se puede determinar la cuota proporcional de la indemnización de antigüedad debida por el mismo enajenante. Por esta razón, y también para eliminar un obstáculo que podría en ciertos casos hacer difícil las transmisiones de la hacienda, se ha estimado oportuno admitir la posibilidad de la liberación del enajenante cuando, como tutela de los intereses de las partes, y en especial de quien presta su trabajo, intervengan a ese efecto las asociaciones profesionales competentes.

44. Sucesión en los contratos de enrolamiento y de trabajo según los artículos 347 y 917 del Código de la Navegación

Otros supuestos interesantes de sucesión *ex lege* en el contrato son los que pueden verse en los artículos 347 y 917 del Código de la Navegación.

Sucesión precisamente del nuevo armador en la posición contractual del precedente (respecto a cada uno de los enrolados) y del nuevo explotador de la aeronave en la posición del anterior (respecto siempre a cada uno de los trabajadores componentes de la tripulación).

Dispone el precitado artículo 347 que, salvo el caso previsto en el artículo 343, número 2 (que considera el caso de pérdida de la nacionalidad de la nave), en caso de cambio del armador de la nave, el nuevo armador sucede al precedente en todos los derechos y obligaciones derivados de los contratos de enrolamiento de los componentes de la tripulación; pero éstos pueden pedir la resolución del contrato al llegar la nave a un puerto nacional. La norma se aplica igualmente al contrato de trabajo del personal navegante en la navegación interna, con la modificación de que, en caso de cambio de armador, la resolución del contrato puede ser pedida al llegar al puerto de destino o, en todo caso, al término de treinta días (.art. 375, párrafo cuarto).

En el caso de cambio de quien explota la aeronave, el precitado artículo 917 establece que el nuevo explotador sucede al precedente en todos los derechos y obligaciones derivados de los contratos cíe- trabajo, pero el trabajador puede pedir la resolución del contrato; si la aeronave está de viaje la resolución puede ser pedida únicamente al llegar a un aeropuerto nacional.

45. Sucesión en los contratos de consorcios industriales (artículo 2.610 del Cód. civ.). Los tres tipos de consorcios

Para entender por completo la hipótesis examinada aquí son indispensables algunas consideraciones preliminares sobre la estructura y sobre el funcionamiento de los consorcios (voluntarios) para la coordinación de la producción y de los intercambios.

La noción general que nos da la ley es la de contratos entre varios empresarios (personas físicas o personas jurídicas) que ejercen una misma actividad económica, o actividades económicas conexas, y que tienen por objeto la regulación de la misma actividad mediante una organización común a ellos (art. 2.602)[26].

Se presupone[27] no el ejercicio en común de una actividad económica (art. 2.247), sino la disciplina de las actividades de varias empresas mediante una

---

26 Aunque por evitar equívocos estimamos oportuno no separarnos aquí de la terminología del Código, opinamos que está fundada con todo rigor una observación de GHIRON: *La Concorrenza ed i Consorzi* (en el *Trattato* de VASALLI), Turín, 1949, pág. 94. El autor destaca que hablando científicamente no conviene llamar *consorcios* a los contratos entre varios empresarios de que habla el Código, y conviene, en cambio, llamarlos *contratos consorciales*. En efecto, el consorcio no se identifica con el contrato, sino que constituye aquel grupo asociativo al que el contrato da vida. Tal grupo tiene una vida existente por sí misma, que ofrece una importancia jurídica que va más allá de la regulación contractual.

27 Cfr. Exposición de Motivos, § 1.051.

organización común para conseguir la finalidad de interés común para los contratantes de frenar y limitar la competencia. En efecto, vistos por el perfil de su función económica, dichos consorcios pueden perseguir principalmente uno o varios de los fines siguientes:

1.° La disciplina de los precios y de las condiciones de venta, en el sentido de que los consorciados están obligados a respetar un precio mínimo y otras condiciones preestablecidas en la venta de sus productos o en la prestación de sus servicios.

2.° Contingentar la producción (cada uno de los consorciados no puede producir más que una determinada cantidad de mercancías) o el comercio (cada uno no puede colocar en el mercado más que una determinada cantidad de productos).

3.° El reparto de los mercados, reservados con derecho de exclusiva a cada uno de los consorciados para la venta de sus productos, o la prestación de sus servicios.

4.° La creación eventual de una *oficina de venta* (constituida o no en forma de sociedad) que avoca a sí exclusivamente la venta de los productos de las empresas consorciadas, y eventualmente con la misión de establecer también los contingentes de producción, de proveer a la provisión de materias primas, de determinar los precios de venta[28].

A través de estas variadas formas de regulación o disciplina consorciada se realiza la finalidad de común interés de las empresas consorciadas de limitar y sofrenar la recíproca competencia; razón por la cual es exacta la afirmación de que el consorcio realiza el fenómeno de la actividad independiente de varias empresas, pero disciplinada y coordinada de forma que no se perjudiquen entre sí.

El elemento imprescindible de la *organización común* que el legislador del 1942 ha inserto en la estructura causal de los contratos de consorcio, según la misma Exposición de Motivos ministerial (§ 1.051), adopta en la práctica actitudes diversas que pueden agruparse en tres figuras principales:

a) Organización puramente interna de la actividad y de las personas que concurren a conseguir la finalidad del consorcio; es decir, consorcios organizados sin actividades externas (denominados en la doctrina anterior consorcios de primer grado).

---

[28] Para consideraciones amplias sobre los múltiples objetivos que pueden perseguirse por los consorcios, cfr. GHIRON: *ob. cit.*, páginas 91 y sigs. FRANCESCHELLI: en *Commentario...*, ya cit. (dirigido por Scialoja y Branca), libro Y, págs. 396 y sigs., el cual, como denominador común apto para expresar y resumir la compleja variedad de tales objetivos, propone la siguiente fórmula sintética: «objetivo del consorcio es el adaptar la producción de las empresas que se consorcian a las exigencias o a las posibilidades del mercado».

b) Organización que da lugar a la constitución de una oficina destinada a desarrollar, por cuenta de los consorciados, una actividad con los terceros (*consorcios con actividad externa,* llamados consorcios de segundo grado).

c) Organización actuada mediante la *creación de una sociedad* (llamados consorcios de tercer grado).

El llamado de primer grado se constituye mediante contrato (escrito, bajo pena de nulidad) que vincule, bien a solo los firmantes primitivos e iniciales (*consorcios cerrados),* o también a los posibles consorciados posteriores, si el consorcio está «abierto» a nuevos y sucesivos adheridos. Este tipo de consorcio, más bien que dar lugar a la creación de una empresa colectiva, conserva a las empresas que participan en él su autonomía propia y distinta y su específica funcionalidad, en cuanto que la subordinación de las empresas a una común disciplina se concreta sustancialmente en la aceptación por parte de ellas, y en recíproco interés, de la obligación de una determinada dirección y a una determinada línea de conducta en los negocios, sobre la base de *la organización común* constituida mediante el vínculo contractual[29]. Cada uno de los consorciados, naturalmente, está obligado a consentir los controles y las inspecciones de los órganos del consorcio que tienen por misión comprobar el exacto cumplimiento de las obligaciones asumidas.

Aparte las divergencias que se manifestaron en la doctrina anterior al Código de 1942 sobre la naturaleza jurídica de los consorcios que examinamos (según una tesis, el encuentro de voluntades del que se deriva el consorcio presenta la figura jurídica del *contrato,* mientras que según otra presenta la figura jurídica del *acuerdo normativo*), en el estado de la legislación vigente no parece posible dudar de que estamos en presencia de un contrato, dada la calificación expresamente atribuida a los consorcios por el vigente artículo 2.602. Se trata más precisamente de un contrato plurilateral[30], nominado, causal y solemne, que debe contener elementos e indicaciones expresamente especificados por la ley (véase la lista del artículo 2.603). Un efecto particular de

---

[29] Sobre los múltiples aspectos que puede asumir en concreto el elemento de la «organización común», imprescindible de *iure condito* para la atribución de la calificación del contrato consorcial, cfr. FRANCESCHELLI: *ob. cit.,* págs. 374 y sigs. GHIRON: *ob. cit.,* página 101, quien observa que tal organización «ejercerá una acción solamente de control interno, de canalización de las actividades de cada uno; influirá sobre las modalidades ejecutivas de las mismas, se erigirá en árbitro de sus divergencias, sugerirá las medidas necesarias para que su actividad sea cada vez más provechosa. Hablando estructuralmente, esta organización podrá producirse de múltiples modos: podrá tratarse de un cuerpo colegiado sacado del seno de los consorciados, de un comité, de una oficina, de un centro de información etcétera, etc.».

[30] Cfr. FRANCESCHELLI: *ob. cit.,* pág. 363. GHIRON: *ob. cit.,* páginas 134-35, y la bibliografía allí citada. VALERI: *Istituzioni...,* ya cit., II, pág. 196. RUGGIERO-MAROI: *Istituzioni di diritto privato,* Milán, 2947, II, págs. 327-30. SALANDRA: *Manuale di diritto commerciale,* Bolonia, 1946-48, vol. I, pág. 104.

este contrato de consorcio es la formación de un *grupo consorciado* que, aun sin tener personalidad jurídica, tiene una existencia propia (como pluralidad de sujetos ligados por un fin común) y representantes propios; en este grupo consorcial debe verse una subespecie de la asociación no erigida en persona jurídica[31].

Los consorcios organizados *con actividad externa* (o de segundo grado), además de las normas que acabamos de indicar (aplicables en general a los consorcios con actividad interna y externa), están sujetos también a algunas disposiciones particulares (arts. 2.612-2.615) referentes a la publicidad, la representación en juicio, el fondo económico del consorcio y la responsabilidad para con los terceros. Tales disposiciones están en relación, sobre todo, con una importante diferencia que los consorcios de segundo grado presentan respecto a los de primer grado: que los de segundo grado, a diferencia de los de primer grado, dan lugar a la creación de un patrimonio provisto de *autonomía* propia.

Si el contrato de consorcio consiste en la institución de una oficina destinada a desarrollar actividades en relación con terceros (por ej.: mediante la centralización de las ventas, de las adquisiciones, de las provisiones de primeras materias), está prescrita la inscripción de un extracto de la escritura de constitución del consorcio en el registro de empresas y la inscripción de sus eventuales modificaciones (art. 1.612, que indica los datos que deben constar en dicho extracto). El patrimonio del consorcio (llamado *fondo consorcial*), constituido por las aportaciones de los consorciados y por los bienes adquiridos con ellas, corresponde, como siempre, en comunidad a los consorciados, pero está dotado de una autonomía propia (frente a éstos y a sus acreedores particulares)[32]. En efecto, dicho fondo, mientras dura el consorcio, es indivisible entre los consorciados[33], y también los acreedores particulares de éstos están excluidos en cuanto a hacer valer sus derechos sobre dicho fondo. Por tanto, este último, con su inmunidad ante eventuales pretensiones de los consorciados y de sus acreedores particulares, representa la fundamental garantía de los acreedores del consorcio.

---

31 Cfr. GHIRON: *ob. cit.,* pág. -37.

32 Sobre la formación, aquí, de un patrimonio *autónomo,* cfr. VALERI: *ob. cit.,* I, pág. 210. RUGGIERO-MAROI: *ob. cit.* últimamente, pág. 329. MESSINEO: *Manuale...,* ya cit., vol. III, pág. 171. FRANCESCHELLI: en *Commentario...,* ya cit. pág. 363, seguido por GHIRON: *obra citada,* pág. 136, habla de patrimonio *para el fin* porque —nota este último— en ciertos aspectos viene a aislarse el patrimonio asignado al grupo de los acreedores particulares de los consorciados; en consecuencia, es un patrimonio, ya que no del consorcio (dado que éste, como siempre, corresponde a los consorciados), destinado a él ciertamente y por él salvaguardado.

33 Sin embargo, debe estimarse que el consorciado que se aparta del consorcio o es excluido de él puede pedir la liquidación de su cuota parte, porque el art. 2.614 no reproduce la correlativa prohibición contenida en el art. 37 respecto al separado en materia de asociaciones. Cfr. FRANCESCHELLI: en *Commentario...,* ya cit., página 438. GHIRON: *ob. cit.,* pág. 115.

Dispone, en efecto, la ley (art. 2.615) que para las obligaciones asumidas en nombre del consorcio por las personas que tienen su representación pueden hacer valer los terceros sus derechos sobre el fondo consorcial; lo cual debe entenderse sin que dichos terceros hayan de sufrir el concurso con los acreedores particulares de los consorciados. Además, de las mismas obligaciones responden, ilimitada y solidariamente, las personas que han obrado en nombre del consorcio (que no están protegidas por el beneficio de la excusión). Si las obligaciones han sido asumidas por los órganos del consorcio por cuenta de uno de los consorciados, éste, según lo dispuesto por el artículo 2.615, responde solidariamente con el fondo del consorcio[34]; si ese consorciado por cuenta de quien se asumió la obligación viene a- ser insolvente, la deuda se reparte entre todos los consorciados, en proporción a su cuota de participación en el consorcio. En cuanto a la representación en juicio, los consorcios pueden convenir en la persona de ellos a la que el contrato atribuya la presidencia o la dirección, aunque la representación sea atribuida a otras personas.

También el contrato de consorcio del tipo examinado da lugar a la formación de un grupo (desprovisto naturalmente de personalidad jurídica) respecto al cual pueden repetirse consideraciones análogas a las hechas hace poco para los consorcios sin actividad externa.

Breves consideraciones, en fin, sobre los consorcios de tercer grado, denominados también consorcios-sociedad. Los concordados, aunque sea a través de formas concretas, a la vez que variadas[35], dan sustancialmente, en este caso, a la organización común la vestidura formal de la sociedad, y lo más frecuentemente de la sociedad por acciones, en cuyo caso se imprime a la organización común la personalidad jurídica. Al proporcionar al consorcio la personalidad jurídica tienen los consorciados a su disposición, evidentemente, un instrumento mucho más potente (en relación con los otros dos tipos de consorcio), en cuanto que constituyendo el consorcio un sujeto de derecho que obra en nombre propio, tanto frente a los consorciados como frente a los terceros, el grupo consorcial puede obtener en el terreno económico resultados más importantes.

No es éste el lugar de detenerse sobre las controversias (principalmente teorías de la simulación, del negocio indirecto) que dividieron la doctrina an-

---

34 La formulación del párrafo 2 del artículo 2.615 ha ofrecido un flanco a la objeción (GHIRON: *ob. cit.*, pág. 117) de que el fondo un es un sujeto de derecho y, por tanto, no puede ser un deudor, y menos aún un deudor solidario. Pero, evidentemente —como nota dicho autor—, la expresión del Código quiere decir que el acreedor de la operación hecha en nombre del consorcio, pero por cuenta del consorciado, tiene cómo garantía de su pretensión, además del patrimonio del consorciado, también el fondo consorcial, exento del concurso de los acreedores particulares de los consorciados individuales.

35 Para tales formas, cfr. ampliamente GHIRON: *ob. cit.*, páginas 119 y sigs., así como los escritos de ASCARELLI y SALANDRA, allí recordados. FRANCESCHELLI: en *Commentario...*, ya citado, pág. 459, quien excluye, en especial, que pueda aplicarse a fines consorciales la sociedad simple.

terior sobre la identificación de las líneas más precisas jurídicamente de las sociedades en cuestión. No se había escapado, sobre todo, que aquí la creación de la sociedad se desviaría de los fines normales de ésta, faltando algunos de los requisitos esenciales del contrato de sociedad. Por ejemplo: el ejercicio en común de una actividad económica (en el consorcio-sociedad no hay la creación de una nueva empresa, sino solo la coordinación de las empresas preexistentes); el buscar una ganancia para dividirla entre los socios, etc., etc. Se explica, por tanto, que en esta materia la doctrina anterior haya hablado también de sociedad-forma, en cuanto que la sociedad tendría aquí una función esencialmente de forma de la relación[36]. Pero aparte los precedentes doctrinales citados, nos interesa sobre todo destacar que la más reciente evolución del pensamiento jurídico en esta materia está orientada en el sentido de que el reconocimiento legislativo contenido en el artículo 2.620 viene a ampliar la noción de sociedad contenida en el artículo 2.247, y esto porque mientras en esta última disposición se reconoce como sociedad únicamente a la constituida con el fin de repartirse las utilidades, el artículo 2.620 reconoce como sociedad también a aquella constituida únicamente para el logro de los objetivos del consorcio, sociedad en la que son extrañas la producción y la división de beneficios[37].

Establecido esto, ¿cuáles son las normas que deben aplicarse a los consorcios-sociedad? Ante todo, es evidente que debe excluirse la aplicabilidad *íntegra* de las disposiciones dictadas por el Código para los consorcios carentes de personalidad jurídica, es decir, los artículos 2.602-2.615, alguno de los cuales no se adaptan a la unidad consorcial erigida en persona jurídica. Empero, alguna de las disposiciones antedichas son aplicables también a las consorcios-sociedad, a base de una analítica discriminación de las mismas disposiciones, realizada recientemente por la doctrina[38], y sobre la que no es posible

---

[36] Obsérvese, en especial, que aun cuando en obsequio formal a la ley el acto constitutivo de la sociedad reproduzca generalmente las cláusulas usuales, algunas de éstas ya están previamente neutralizadas y privadas de toda posibilidad de aplicación práctica. Cfr. Valeri: *Istituzioni,* ya cit., vol. I, pág. 208.

[37] Ghiron: *ob. cit.,* pág. 139, quien, consecuentemente, es de opinión de que en el régimen vigente existen dos tipos de sociedad: el de aquellas autónomas, previstas en el artículo 2.247, y aquellas *consorcialmente instrumentales* reconocidas en el artículo 2.620 Estos dos tipos de sociedades —observa este autor— son iguales en todo salvo en su función, que es dependiente del consorcio en el caso del artículo 2.620. También Asquini, en *Riv. dir. comm.,* 1949, notas 7-8, I, pág. 337, encuentra exacta en cuanto a sus principios la tesis de Ghiron encaminada a reconocer en el artículo 2.660 del Código civil el expreso reconocimiento de un nuevo tipo de sociedad, y añade textualmente: «en este sentido precisaré —superando polémicas recientes— que el nuevo Código prevé tres tipos de sociedades: sociedad de provecho, sociedad cooperativa y sociedad consorcial.»

[38] Ghiron: *ob. cit.,* págs. 121-25, que a los fines del problema indicado separa y diferencia del conjunto de los artículos 2.602-2.615, tres complejos normativos, es decir, las normas sobre el control de gobierno; las normas sobre las relaciones del consorcio con: ios terceros; las normas sobre las relaciones internas.

detenernos aquí *ex professo.* En lo que más directamente interesa a nuestro estudio importa solamente destacar que, siguiendo la discriminación aludida, no parece dudosa la aplicabilidad, también a los consorcios-sociedad,' de la norma establecida por el artículo 2.610 en materia de sucesión en el contrato de consorcio.

46. Prosigue: alcance del ingreso en el contrato de consorcio dispuesto por el artículo 2.610 del Código civil

Las consideraciones hechas hasta este momento eran necesarias para valorar el alcance de aquella hipótesis de sucesión *ex lege* en el contrato de consorcio, prevista por el vigente artículo 2.610. Dispone este último que, salvo pacto en contrario, en caso de transferencia por cualquier título de la hacienda, el adquirente viene a entrar en el contrato de consorcio; sin embargo, si existe una justa causa, en caso de transferencia de la hacienda por actos *inter vivos,* los otros consorciados pueden decidir, en el plazo de un mes desde que conocieron esa transferencia, la exclusión del adquirente del consorcio.

Por tanto, a menos que los interesados hayan establecido otra cosa (en el mismo contrato inicial de consorcio o en una posterior modificación del mismo), el adquirente de la haciencia, por el título que sea (transferencia *inter vivos,* sucesión *mortis causa*), por el simple hecho de la transmisión de la hacienda viene a entrar automáticamente *de iure* en el contrato de consorcio (en lugar del titular precedente), adquiriendo la calidad de consorciado. Esa sustitución en los derechos y en las obligaciones del consorcio tiene lugar en el mismo acto en que se perfecciona la transmisión de la hacienda.

El principio general establecido por el párrafo primero del artículo examinado está relacionado lógicamente con el principio análogo (examinado a su tiempo) del artículo 2.558, según el cual, si no se ha pactado de otro modo, el adquirente de la hacienda sustituye al enajenante en los contratos estipulados para la explotación de la hacienda que no tengan carácter personal. Ahora bien, a propósito de los contratos de consorcio ya se ha puesto en clara evidencia por la doctrina que el consorcio viene a constituirse más bien *intuito rei* que *intuito personae,* ya que no importa tanto *a quién* pertenece una empresa determinada cuanto *qué es lo que* produce, *cómo* lo produce y *si* lo produce. Aunque el vínculo consorcial se constituye siempre entre sujetos de derecho (empresarios), sin embargo, éstos vienen a figurar y siguen figurando en cuanto están en una relación particular (titularidad, gestión, etcétera) con una empresa que funcione y actúe en aquel determinado sector de actividad, gobernado por el consorcio[39].

---

[39] Franceschelli: *Commentario...,* cit. Lib. V, pág. 421-22, que pone de relieve que las vicisitudes personales que sufren los empresarios consorciados no son en sí y por sí (a diferencia de cuanto sucede en materia de, por ejemplo: sociedad simple) causa objetiva de disolución del vínculo, siempre que la empresa, cambiado el titular o integrada sin su capacidad, continúe.

Por otra parte, no puede desconocerse que el principio de que habla el artículo 2.610, párrafo primero, está en armonía con la que en la normalidad de los casos debe estimarse como la más correcta interpretación de la voluntad de las partes. En efecto, quien vende o compra la hacienda, por lo general, intenta venderla o comprarla con las limitaciones y organización de la producción que han sido establecidas por el titular originario. Se puede presumir —se ha observado justamente— que han sido establecidas en interés objetivo de la hacienda, y, por tanto, no hay razón para suponer que el nuevo titular no quiera aceptarlas; recíprocamente, y por la misma razón, puesto que la hacienda está objetivada en su actividad productiva y de cambio tal como aparece entre tantas otras haciendas semejantes, los otros consorciados no tienen razón alguna para no continuar el contrato de consorcio con el nuevo titular de la hacienda[40].

Por consiguiente, de modo diverso a lo que debía decirse en la legislación anterior[41], en el derecho vigente el vínculo consorcial circula unido a la empresa adherida a él, de tal forma que a veces (aun cuando sea sin llevar la analogía más allá de ciertos límites prudentes) se ha pensado por la doctrina en parangonar la particular situación objetiva de la empresa consorciada a la del fundo gravado con una servidumbre[42].

Hagamos ahora unas breves consideraciones sobre las excepciones que el mismo artículo 2.610 admite al expuesto principio de la sucesión automática en el contrato de consorcio. La primera excepción refleja la posibilidad de que los mismos empresarios consorciados, bien en el contrato original del consorcio, bien con modificaciones sucesivas (en las formas previstas por el art. 2.607), excluyan precisamente el subingreso del adquirente de una hacienda en el contrato de consorcio. Tal excepción se aplica tanto en las transmisiones de la hacienda *inter vivos* como en el caso de sucesión *mortis causa.*

La segunda excepción prevista en el párrafo segundo del artículo 2.610 está circunscrita, en cambio, a solo las transmisiones *inter vivos,* y tiene sustancialmente una función de tutela del consorcio, dándole el medio de excluir el ingreso de eventuales competidores que pretendan interferir en la vida del consorcio por medio de la adquisición de una empresa consorciada.

---

40 Lordi: *Istituzioni...,* ya cit. pág. 198.

41 Como observa Franceschelli: *ob. cit.,* pág. 423, antes de entrar en vigor el nuevo Código, ante el silencio de la Ley las partes atendían con diversas cláusulas a garantizarse, en los límites de lo posible, el mantenimiento del vínculo consorcial no obstante la transferencia de la hacienda. De este tipo eran las cláusulas con las que las partes estipulaban que el pacto consorcial vinculase a los sucesores de quienes se habían consorciado. Pero se trataba de cláusulas puramente obligatorias, no oponibles como tales a terceros, y que a lo sumo, podían producir el efecto a que se refiere el artículo 1.129 del Código civil de 1865.

42 Franceschelli; *ob. cit.,* págs. 422-23.

La *justa causa* en virtud de la cual se decide la exclusión del adquirente del consorcio es, pues, una *quaestio facti,* que debe valorarse en relación con las circunstancias objetivas y subjetivas que han acompañado a la transmisión.

En fin, recordando las consideraciones y las conclusiones propuestas en el párrafo precedente, destacamos que el subingreso automático dispuesto por el artículo 2.610 se aplica tanto en los consorcios organizados con actividad interna solamente como en aquellos con actividad externa y en los reflejos de las sociedades-consorcios[43].

47. Sucesión del curador en los contratos estipulados por el quebrado: disposiciones respectivas (Ley de quiebras, artículos 72 y sigs.)

Entre las relaciones jurídicas preexistentes a la declaración de la quiebra, e influenciadas de diverso modo por la misma quiebra, presentan una importancia especial los contratos ya estipulados por el quebrado. En este aspecto, y en relación con la específica finalidad de nuestro estudio, son especialmente importantes los contratos bilaterales que, perfeccionados antes de la quiebra, aun no han sido cumplidos, en todo o en parte, por *ambas partes* contratantes. No ofrecen, en cambio, especial importancia los contratos unilaterales, porque en éstos, o bien el obligado es el llamado contratante *in bonis,* y entonces el derecho a la prestación compete a la quiebra, que lo hace valer por medio de sus órganos (y en particular el curador); o bien el obligado lo es el quebrado, y en tal caso el crédito del contratante *in bonis* quedará incluido en la quiebra y recibirá el ordinario trato de los créditos de la misma.

Tampoco presentan relieve especial los contratos bilaterales perfeccionados antes de la quiebra y cumplidos *integralmente* por *una sola* de las dos partes; en efecto, si quien ha cumplido es el contratante *in bonis,* tendrá éste solo el derecho a hacer valer su crédito (quirográfico) ante la quiebra, incluyéndolo en el pasivo, sin nada más de particular; y si quien ha cumplido el contrato es el quebrado, la otra parte *(in bonis)* está obligada, como siempre, a cumplir por su parte, y la quiebra tendrá un crédito a su favor contra ese contratante.

Circunscribamos nuestro examen, por razón de brevedad, a los contratos más importantes, expresamente tenidos en cuenta por la Ley de quiebras, y sobre los cuales incide de modo diverso la declaración de la quiebra. En el aspecto que más directamente interesa a nuestro estudio pueden ser agrupados en las tres siguientes categorías fundamentales:

A) Contratos en los que, con la declaración de quiebra, entra automáticamente el curador, por regla general

Tales son:

---

[43] Cfr. ampliamente FRANCESCHELLI: *ob. cit.,* págs. 461 y siguientes. GHIRON: *ob. cit.,* pág. 125.

a) El contrato de arrendamiento de inmuebles.— Salvo pacto en contrario, la quiebra del *arredandor* no resuelve el contrato de arrendamiento de inmuebles, sino que el curador le sustituye en ese contrato (art. 80, párrafo primero, de la Ley de quiebras). No se trata aquí, como en otra hipótesis que veremos dentro de poco, de una *facultad* del curador para entrar o no en el contrato, sino de la sustitución del quebrado por él *de pleno derecho*[44].

En caso de quiebra del *arrendatario* el curador puede rescindir en cualquier tiempo el contrato de arrendamiento, correspondiendo al arrendador una justa compensación, que en caso de desacuerdo entre las partes se determinará por el juez competente, después de oír a los interesados (art. 80, párrafo segundo). Evidentemente, la facultad de rescisión concedida de ese modo al curador tiene por fin evitar la eventualidad de una carga demasiado pesada, especialmente cuando se trata de arrendamiento a plazo muy largo.

b) El contrato de seguro contra daños.— La quiebra del asegurado no resuelve el contrato de seguro contra daños, salvo pacto en contrario; sin embargo, si de la quiebra se deriva un agravamiento del riesgo, en el sentido del artículo 1.898 del Código civil podrá el asegurador rescindir el contrato. Siempre que continúe el mismo contrato, el crédito del asegurador por las primas no pagadas debe ser satisfecho íntegramente si la fecha de vencimiento es anterior a la declaración de la quiebra (art. 82)[45].

c) Venta a plazos con reserva de la propiedad.— La quiebra del vendedor no es causa de resolución del contrato (artículo 73, párrafo segundo), que continúa vigente en relación con la administración de la quiebra, que sigue siendo acreedora por los plazos no pagados a las fechas pactadas. Como siempre, la transmisión de la propiedad al comprador se verifica con el pago del último plazo del precio, aun cuando el comprador asuma los riesgos desde el momento de la entrega de la cosa vendida.

---

[44] Cfr. DE SEMO: *Diritto fallimentare,* Florencia, 1948, pag. 329, el cual observa que el sistema de la ley se justifica con la consideración de que el contrato continúa aprovechando a la quiebra, la cual podrá eventualmente enajenar el inmueble sin encontrar obstáculos en la prosecución de la relación que, más bien, podrá ser opuesta el tercer adquirente cuando sea anterior a la enajenación y tenga fecha cierta. (Art. 1.599, § 1.°, cod. civ.).

[45] De la formulación del artículo 82 de la Ley de Quiebras que excluye en principio la resolución del seguro *contra los daños* se argumenta (DE SEMO: *ob. cit.,* pág. 230, y BRUNETTI, allí citado) que el seguro sobre la vida obedece a un principio distinto, es decir, se resuelve por la quiebra del asegurado. Este —se ha observado— por un lado ya no da seguridad al asegurador de poder atender regularmente a las primas, y por otro lado, aunque pudiera atender esos pagos, actuaría en su propio beneficio y en detrimento del patrimonio de la quiebra. En la hipótesis de quiebra del asegurador, no tenida en cuenta por el artículo 82 precitado, cfr. DE SEMO: *ob. cit.,* páginas 330 y siguientes.

d) El contrato de edición.— En virtud del artículo 135 de la Ley de 22 de abril de 1941, número 633, al que se remite el artículo 83 de la Ley de quiebras, la quiebra del editor no determina la resolución del contrato de edición. Sin embargo, este contrato queda resuelto si el curador, dentro del plazo de un año desde la declaración de la quiebra, no continúa el ejercicio de la empresa editorial o no la cede a otro editor. Si continúa en el ejercicio de la empresa editorial (en el plazo indicado), el curador subentra automáticamente en el contrato de edición en lugar del quebrado.

B) Contratos en los que el curador puede sustituir o no, en virtud de una facultad de elección que le otorga la ley

a) Particular relieve ofrece la *venta* que aún no haya sido cumplida o solo haya sido cumplida parcialmente por ambas partes en el momento de la declaración de la quiebra. Esta no determina la resolución *ipso iure* del contrato ni atribuye al contratante *in bonis* el derecho a la resolución (a menos que se haya establecido de otro modo, con expresa cláusula contractual). Debe estimarse excluida en particular la aplicabilidad del art. 1.453 del Cód. civ. En esta materia es preciso distinguir la quiebra del *comprador* de la quiebra del *vendedor.*

En la hipótesis de la quiebra del *comprador* el vendedor (aunque en la práctica se producirá rarísimamente) tiene la facultad de realizar su prestación contractual, haciendo figurar en el pasivo de la quiebra su crédito por el precio respectivo, contentándose con el precio que en la quiebra pueda corresponderle en el prorrateo (art. 78, párrafo primero). Si el vendedor no intenta valerse de tal derecho (que es la hipótesis normal en la práctica(la ejecución del contrato queda en suspenso, por consentir al curador una *facultad de resolución;* es decir, la facultad de decidir, con la autorización del juez competente, si *sustituirá* al comprador quebrado en el contrato (asumiendo en particular todos los derechos y todas las obligaciones respectivas) o si *rescindirá* el mismo contrato.

Cuando el vendedor haya declarado que no prefiere la ejecución de la prestación puede colocar en mora al curador, haciendo que el juez le señale un término perentorio de ocho días para decidir; transcurrido inútilmente este plazo el contrato queda resuelto *ipso iure,* y el vendedor puede disponer de la cosa como mejor le parezca (art. 72, párrafos segundo y tercero).

En la hipótesis de quiebra del *vendedor* la ley de quiebras distingue según que se haya producido o no la transmisión al comprador de la propiedad de la cosa vendida. Si se ha producido dicha transmisión (arts. 1.376 y 1.378 del Cód. civ.) no se resuelve el contrato, y las partes deberán proceder a su ejecución: el vendedor quebrado, y en su lugar el curador, procederá a la entrega de la cosa vendida, mientras que el comprador procederá al pago del precio. En cambio, en la hipótesis de que al quebrar el vendedor no se haya transmitido aún al comprador la propiedad, concede la ley también en este caso al curador una *facultad de elección* entre la ejecución (viniendo a entrar el curador en la posición contractual del vendedor) y la resolución del contrato. Si el curador prefiere la resolución el comprador que haya verificado ya el pago del precio tiene derecho a que figure su crédito en el pasivo de la quiebra, sin que se le deba resarcimiento alguno por daños artículo 72, párrafo cuarto)[46].

b) Venta de cosa mueble expedida al comprador antes de la declaración de quiebra de este último.— La última parte del artículo 75 de la ley de quiebras consiente al curador una facultad de elección entre sustituir o no en los derechos y en las obligaciones derivadas del contrato ya estipulado por el quebrado comprador (supuesto que el precio de la cosa no haya sido aún pagado íntegramente). Si la cosa mueble objeto de la venta —establece dicho artículo— se ha expedido ya al comprador antes de la declaración de quiebra de este último, pero todavía no está a su disposición en el sitio de destino, ni ha adquirido otro derecho alguno sobre la misma, el vendedor puede recuperar la posesión de la misma, tomando a su cargo los gastos y restituyendo las cantidades percibidas, siempre que no prefiera seguir adelante en el contrato, haciendo que figure en el pasivo su crédito por el precio *o que el curador no quiera hacerse entregar la cosa pagando su precio íntegro*[47].

c) Venta a término o a plazos.— En caso de quiebra del comprador el artículo 73, párrafo primero, de la ley de quiebras concede una facultad de elección al curador. Este, con la autorización del juez competente, puede sustituir al quebrado en el contrato; pero el vendedor puede exigir una caución, a menos que el curador pague inmediatamente el precio con el descuento de los intereses legales (es decir, por el tiempo que falte hasta el vencimiento del término o de los plazos no vencidos).

d) Venta con entregas diferidas y contrato de suministro. Si quiebra el *comprador* o suministrado, el vendedor o suministrante no están facultados (como en la venta ordinaria) a proseguir las entregas, porque eso sería incompatible con el cese de actividades por parte del otro contratante quebrado. En cambio se prevé una *facultad de elección* en el curador (coa la autorización del juez competente) entre sustituir o no en la posición contractual al contratante quebrado, remitiendo el art. 74 de la ley de quiebras a las disposiciones ya examinadas en los párrafos segundo, tercero y cuarto del artículo 72. Sin embargo, el curador que elige la sustitución debe pagar *íntegramente* el precio de las entregas ya efectuadas.

---

[46] Ante el silencio de la ley se estima que también en esta hipótesis el comprador puede hacer que por el juez designado se prefije al curador el término para decidir. Cfr. Provinciali: *Manuale di diritto fallimentare,* Milán, 1948, pág. 142.

[47] Para amplias consideraciones sobre la institución comprendida en el artículo 75 de la Ley de Quiebras, también en relación con el artículo 804 del derogado código de comercio, cfr. De Semo: *obra cit.,* págs. 309 y sigs.

En la hipótesis de la quiebra del *vendedor* o del suministrante se aplican las ya examinadas disposiciones, referentes a la quiebra del vendedor en caso de venta con entrega no fraccionada (art. 72, párrafo cuarto).

e) Contrato de concesión o contrata. – Aunque en general la quiebra de una de las partes determina la resolución de este contrato, sin embargo, es *facultad* del curador (oída la sindicación de los acreedores y con la autorización del juez competente) sustituir al quebrado en este contrato, dando comunicación de esa decisión a la otra parte en plazo de veinte días a contar de la declaración de la quiebra, y ofreciendo adecuadas garantías. Sin embargo, no se consiente la prosecución del contrato en el caso de quiebra del que obtuvo la concesión o contrata cuando la consideración de su persona fue un motivo determinante del contrato (art. 81 ley de quiebras)[48].

C) Contratos que por efecto de la quiebra se resuelven (sin posibilidad de sustitución por el curador)

a) Contralto de Bolsa a plazo. – Si el término vence después de la declaración de la quiebra de uno de los contratantes el contrato queda resuelto en la fecha de la declaración de quiebra (art. 76 ley de quiebras).

b) Asociación en participación. – Se resuelve por la quiebra del asociante (art. 77 de la ley de quiebras).

c) Cuenta corriente, mandato, comisión. – Se resuelven por quiebra de una de las partes (art. 78).

d) En lo que se refiere a la *concesión* o *contrata,* que en general también queda resuelto, véase lo que se acaba de decir en la letra *e)* anterior.

Una vez establecido esto en general en cuanto a la clasificación tripartita de los contratos preexistentes a la quiebra e influidos de diverso modo por ésta, en cuanto se refiere más directamente a nuestro estudio, no parece dudoso que en los supuestos que se acaban de exponer en el apartado A) deba verse una sucesión automática *ex lege* del curador (y más en general de la administración de la quiebra) en los contratos estipulados por el quebrado antes de que ésta sea declarada: sucesión automática, que se produce precisamente como efecto de esa declaración.

En los supuestos agrupados en el apartado B) el subingreso del curador en el contrato en el lugar del quebrado no es necesario ni automático, como efecto y consecuencia de la declaración de la quiebra. Tal subingreso, en cambio, está subordinado, como ya se ha dicho, al ejercicio de una facultad de elección concedida al curador, el cual (con la autorización del juez competen-

---

[48] El último párrafo del artículo 81 de la Ley de Quiebras establece que quedan a salvo las normas relativas a las contratas para las obras públicas. A este propósito, cfr. DE SEMO: *ob. cit.,* pág. 328 y las obras allí citadas de MONTESSORI, CUNEO y BRUNETTI.

te) en la prudente valoración de los múltiples intereses confiados a su tutela lo mismo puede elegir ese subingreso en el contrato que rechazarlo. Por tanto, aunque en estos supuestos considerados en el apartado B) el efectivo subingreso del Curador en los contratos estipulados por el quebrado tiene lugar —por lo menos en línea directa e inmediatamente— en virtud de un acto unilateral de la misma administración de la quiebra (facultada para esto por la ley), tales supuestos todavía tienen de común con los considerados en el apartado A) la característica de que el contrato se transmite a la persona de un nuevo sujeto sin la voluntad ni la intervención de los dos contratantes primitivos.

LA CESIÓN DEL CONTRATO,
de MARCELLO ANDREOLI, se imprimió
en la República Argentina en junio de 2019.

Made in the USA
Monee, IL
18 October 2026

66035221R00088